高校大学生创新创业教育探究

田合超 ◎ 著

中国纺织出版社有限公司

内 容 提 要

创新创业教育是我国建设创新型国家一系列战略举措的重要组成部分,大力培养大学生创新创业能力,具有重大的战略意义。本书从创造力、创业意向、创新创业素质三个方面论述创新创业教育的重要性,探究高校大学生创新创业教育的人才培养、体系构建以及评价体系的构建。同时,从校企合作、经济新常态、OBE 理念等方面研究高校大学生创新创业教育的实践路径,为大学生创新创业教育研究提供新思路。本书适用于高校创新创业指导教师及相关研究人员。

图书在版编目(CIP)数据

高校大学生创新创业教育探究 /田合超著.——北京:中国纺织出版社有限公司,2023.8
ISBN 978-7-5229-0870-0

Ⅰ.①高⋯ Ⅱ.①田⋯ Ⅲ.①大学生—创业—研究 Ⅳ.①G647.38

中国国家版本馆CIP数据核字(2023)第159026号

责任编辑:段子君　　责任校对:高　涵　　责任印制:储志伟

中国纺织出版社有限公司出版发行
地址:北京市朝阳区百子湾东里 A407 号楼　邮政编码:100124
销售电话:010—67004422　传真:010—87155801
http://www.c-textilep.com
中国纺织出版社天猫旗舰店
官方微博 http://weibo.com/2119887771
天津千鹤文化传播有限公司印刷　各地新华书店经销
2023 年 8 月第 1 版第 1 次印刷
开本:710×1000　1/16　印张:12
字数:155 千字　定价:99.00 元

前言

随着我国经济社会的不断发展，市场竞争日趋激烈，加快培养富有新时代创新精神、勇于投身实践的创新创业人才队伍是各大高校的当务之急。创新创业教育是我国建设创新型国家一系列战略举措的重要组成部分，在新时期，全面推进高校创新创业教育探索与实践，加强创新创业基础课程建设，大力培养大学生创新创业能力，是高校的历史责任所在，也是时代的要求使然，具有重大的战略意义。

基于此，本书以"高校大学生创新创业教育探究"为题，首先，探讨高校大学生创新创业教育相关概念、特点与功能、本质与原则；其次，分别从创造力、创业意向、创新创业素质三个方面，论述创新创业教育对高校大学生的重要影响；再次，探究高校大学生创新创业教育的人才培养、高校大学生创新创业教育的体系构建、高校创新创业教育评价体系的构建；最后，分别从校企合作、经济新常态、OBE 理念方面，研究高校大学生创新创业教育实践路径。

本书遵循创新创业教育的具体教学特点和实际，在编写过程中力求实现前瞻性与历史性结合、典型性与普遍性结合、理论性与实践性结合；同时，努力做到理念先进、语言精练、内容丰富、结构合理、形式新颖、学科交叉、方法适当等。在遵循创新创业教育教学大纲要求的前提下，实现结构、内容和形式的创新。

　　笔者在撰写本书的过程中得到了许多专家、学者的帮助和指导，在此表示诚挚的谢意。由于笔者水平有限，加之时间仓促，书中所涉及的内容难免有疏漏之处，希望各位读者多提宝贵意见，以便笔者进一步修改，使之更加完善。

田合超
2023 年 4 月

参考文献

第一章
高校大学生创新创业教育概论

第一节　高校大学生创新创业教育相关概念

一、创新

创新是通过概念化过程产生出与原有事物存在较大差异的新思维、新创作、新技术等。英语中，"创新"一词是从拉丁语演变而来，原意有三层含义：一是更新，替换原有的事物；二是创造，创造出原来没有的事物；三是改变，对原有事物进行发展和改造。创新的三层含义是人类区别于其他生物的特有能力，是主观能动性的高级外在表现。因为有创新行为，人类社会才会持续不断地发展。人们对哲学、经济学、社会学理论与实践的不断深入研究，促进了对创新概念的认识和理解。

（一）创新认知

1.创新的意义

创新是推动人类社会发展前进的动力源泉之一，在宏观和微观层面都有重要的现实意义，具体如下。

（1）从宏观角度而言，创新对一个国家和民族的繁荣兴盛具有决定作用。随着社会发展，国家之间的竞争已经逐渐演变为创新能力的竞争。

第一，从经济学角度来看，创新直接促进科学技术的进步，将高新技术应用到生产实践中，又会推动生产设备及相关技术的更新换代，对劳动者的业务能力和综合素养具有一定的提升作用，这些综合因素的推动会产生先进的生产力。

第二，从社会学角度来看，理论创新会促进制度、技术等创新形式，进而带来生产关系及社会政治、经济、文化等制度方面的革新与发展。

　　第三，从文化角度来看，创新推动人类思维方式和文化的发展。而思维方式的变化受到人的实践方式的影响。行为方式又作用于思维方式。理论创新和实践创新相辅相成，相互作用，共同推动科学技术的革新，有助于开阔人类的认知眼界，扩大认知范围，进而推动人类思维的转变和发展。

　　因此，创新作为重要的行为方式之一，推动了人类思维方式的发展与变革。此外，文化发展同样需要行为方式的发展与革新，同理，创新也推动了人类文化的发展。所以，人们需要树立创新意识，需要不断进行创新。

　　（2）从微观角度而言，创新对个人的成长进步至关重要，是个人在工作中保持持久活力的动力源。

　　第一，创新是人为了解决问题、创造更好的生活而必须做的一种行为，是人的主观需求。创新行为是人对原有事物或者思维进行分解，再利用思维进行加工重组，创造出不同于原来的新事物或新思维。

　　第二，创新是人类认识和改造世界的实践活动和勇于开拓的精神状态的协调统一。社会的发展会促使人产生新的物质或精神需求，这种需求会推动人类在现有的物质或精神活动基础上，创造出能够满足需求的新物质或新精神，从而充分体现出自身价值。这一满足更高需求的实践过程就是创新。

　　2. 创新的类别划分

　　（1）从表现形式划分，创新包括：知识创新、理论创新、工艺创新、技术创新、产品创新、服务创新、制度创新、商业模式创新、管理创新、渠道创新等。

　　（2）从服务领域划分，创新包括：教育创新、医疗创新、通信创新、民生创新、金融创新、工业创新、农业创新、商业创新等。

　　（3）从行为主体划分，创新包括：个人创新、企业创新、高校创新、科研机构创新、政府部门创新、中介服务机构创新等。

　　（4）从组织形式划分，创新包括：独立创新、联合创新、引进创新等。

　　（5）从过程变化划分，创新包括：演化性创新、革命性创新等。

（6）从实践效果划分，创新包括：有价值创新、无价值创新、负效应创新等。

（7）从创新程度划分，创新包括：首创型创新、改创型创新、仿创型创新等。

3. 创新的重要特征

创新是对重复、简单的劳动方式的否定，是对原有事物进行根本性变革或综合性改造，它具有以下主要特征：

（1）目标性。创新的目标就是通过创新活动，在一定时期内预期所要达到的结果。不同的创新活动具有不同的目标，企业创新活动的目标是提高核心竞争力，从而赢得市场。

（2）变革性。创新是对原有事物的改革和革新，是一种深刻的变革。只要变革的方向正确，目标明确，就可以打破已有限制，获得更大的生存空间。

（3）前瞻性。由于创新就是相对于他人的首创行为，因此创新往往超前于社会认识，能把握到未来事物的发展方向。

（4）价值性。价值性并不单纯地指提高产品的技术竞争力，而是指通过为顾客创造更多的价值来获取顾客，赢得企业的成功，由此开辟一个全新的、非竞争性的市场空间。

（5）新颖性。创新的新颖性是指创造者对现有不合理的事物进行扬弃，革除过时的内容，创造出前所未有的东西。

4. 创新的三个阶段

（1）准备阶段。准备阶段是创新过程的基础阶段，这一阶段的特点主要是在积累知识的过程中检查和清理问题，确定创新的方向和目标。在这个阶段，提出问题、搜集资料和提出假设是最为重要的步骤。

第一，提出问题。创新者能明确地提出问题就等于问题已经解决了一半。为了正确地提出问题，需要了解引起问题所依据的重要事实，以及在解决问题时已准备的前提条件，如理论水平和研究积累的科学事实等。

第二，搜集资料。在这一阶段，必须着手挖掘一切行之有效的方法，即尽可能地围绕问题搜集资料、形成概念、储存经验，以便为进行创新活动奠定良好的基础。

第三，提出假设。创新都是以假设为前提的，只有进行可行性的假设，才能从不同的事物中发现共同的东西，从未知的事物中找出已知的东西，从已知的事物中预测未知的东西。有了假设，特别是想象假设，才能发现自然界和社会生活中的新规律，成为新事物的发明者和创造者。

（2）酝酿阶段。酝酿阶段是创新过程的运作阶段，酝酿阶段是对各种材料进行深入细致的分析，进行消化、吸收，并提出问题和解决方案的过程。创新者必须从熟悉的思考模式以及对某些事物的成见中摆脱出来，打破看问题的习惯方式。

（3）顿悟阶段。顿悟阶段是创新过程的收获阶段，常常被称为"直觉的跃进""思想上的光芒"。顿悟是与直觉和灵感具有一定联系的思维现象。进入这一阶段，问题的解决一下子变得豁然开朗，思维范围扩大，以往百思不得其解的难题，瞬间得到破解。

顿悟和灵感同前面的准备和酝酿是分不开的，顿悟如果离开人们长时间的实践和高度集中化与紧张化的思考，是不可能产生的。它是一个人长期实践、长期思考、艰苦劳动的产物。

（二）创新精神

创新是一个民族进步的灵魂，是一个国家兴旺发达的不竭动力。21世纪是知识经济时代，知识经济的本质就是创新，创新精神和创新思维是创新教育的核心。培养学生的创新能力必须培养学生的创新精神。具备创新精神是对新时代大学生提出的基本要求。

创新绝不是无本之木、无源之水，唯有夯实知识基础，创新才有可能。因此，大学生应精通所学课程，并培养广泛的兴趣。学习无处不在，与他人交流是学习，上网是学习，观看视频也是学习，其关键在于我们是不是用心。唯有理论与实践相结合，理论才有意义。大学生应该活读书、读活书，只有精通理论，才可能去改进实践，只有拥有丰富的实践经验，才可能产生新的理论。

除此之外，大学生要培养自己的创新精神，应富有怀疑精神，探究各种事物的本源及实质。要开发大学生的创新精神，培养大学生的创新能力，必须让大学生投身于社会实践中。因为只有在实践中才能找出想与做的差距，创新理念才能变为现实，创新精神、创新能力才能得到真正的发展。

（三）创新方法

1. 试错法

试错法是一种系统方法，主要以试验及消除误差的方式不断加深对黑箱性质事物的认识。试错法是通过不断试验获得经验的过程。应用这种方法的主体，在试错的过程中会根据实际情况间歇或持续改变黑箱系统参数，在不同参数作用下，黑箱会给出不同的反馈，如此反复直到寻到答案或接近答案。主体行为是否有效一般通过两个指标评价：①接近目标的程度。②实现阶段性目标的过程。当主体获得接近目标的反馈时，主体会持续原来的行为；当主体得知偏离目标时，主体会停止原来的行为。如此行动及反馈，主体会不断接近目标。这种方法特点包括四个方面：①以解决问题为导向；②针对特定问题。③不追究最佳答案。④对知识要求不高。

试错法包括猜测和反驳两个步骤。

（1）猜测。猜测是第一步，主要目的是发现并更正问题，并为反驳与更正提供基础。可以将猜测理解为怀疑，但并不是漫无目的地怀疑，而是一种有意识、带有科学依据的怀疑。认识来自两个方面：一是来自观察与社会实践，二是源于已有的知识。毋庸置疑，已有的知识需要选择性的被利用，并在一定程度上可以对其进行批判。这也正是猜测存在的意义，不断修正、扩充已有知识。

通过观察、实践等方式，我们积累了一定的事实材料，对事物有了一定的认识，但无法把握事物全貌。在这种情况下，事物本质不可能自动呈现在我们面前，我们需要积极探索，并且对探索的结果做进一步的猜测与审查，不断证实结果的正确性并发现新内容。猜测需要与直觉、想象相融合，也就是说猜测与创造性思维密不可分，即便如此，猜测不是胡编乱造、随意想象，不仅要尊重客观事实，还要满足以下三个方面的要求：

第一，简单性要求。指的是从猜测得到的想法要通俗易懂、简单明了，既能让人理解其与旧知识的关系，也能让人明白创新之处。

第二，检验性要求。通过猜测得到的项目不仅能够解释我们需要进行解释的事物，还应该包含新推论，并且这些新的推论要能接受检验。这就与撰写分析报告的情况类似，我们的分析报告一般包括已取得的成果与不足，对于不足之处会提出新观点，表达新观点中重要的意见或结论。

第三，尽可能达到目标。猜测的主要目的是寻求新的认识并且形成新的理论，如果没有达到这些目标，并且认识理论不能长期有效，那么猜测便失去了意义。

（2）反驳。在猜测之后要进行的就是反驳。反驳的主要目的是排除猜测结果的错误。可以将反驳理解为批判，即不断针对猜测的结果挑错、确认错误，直至排除错误的一系列过程。只有排除错误，对世界的认识才能够持续提高。"从错误中学习"是反驳的本质，反驳也推动了人类的前进、社会的发展、科学的进步。

试错法是将猜测、反驳进行了有效融合。它与假说法存在着相同之处，但也有一定的差异。相对来说，假说法是正面的，试错法是反面的；假说法主要是寻找证据支持预先设立的假说，试错法则是试图寻找能够对已有的认识进行反驳的例子，然后推翻这些例子，进一步确认认识的科学性。在实际活动中，二者可以交叉使用，保证我们提高认识的准确性。

2. 头脑风暴法

从心理层面来讲，大学生群体中的个体容易相互影响，导致少数服从多数现象的出现，这就是所谓的"群体思维"，它在一定程度上削弱了群体的创造力和批判精神，从而降低了群体决策的质量。因此，必须不断执行和完善改善群体决策的方法，以保证群体决策的科学性、合理性以及创造性。经过实践检验，这些方法中较为典型的方法之一就是头脑风暴法。

（1）头脑风暴对创新思维的激发。精神病理学理论认为，精神病患者精神状态所表现出来的错乱感即为"头脑风暴"。后来，"头脑风暴"一词又用于代指在激发新观念、创新设想中产生而进行的自由性和无限制的联想与讨论。在大学生群体决策过程中导入头脑风暴法，主要体现在将大学生聚集起来召开专题会议，主持者将会议问题、会议秩序等内容以一种清晰明确的方式传达给参与者。而为了确保会议氛围的和谐融洽，大学生往往会畅所欲言，提出各种参考方案，以替代意见的发表。具体来讲，在激发大学生创新思维方面，头脑风暴主要体现在以下四个方面：

第一，联想反应。新观念的产生离不开联想过程，当大学生以集体的形式出现，围绕同一问题进行探讨时会提出不同的观念，每一个个人观念都能引发其他人的联想，继而在这种相互作用和相互影响过程中，形成连锁反应的新观念，这些新观念有可能是解决问题的创造性方法。

第二，热情感染。排除各种限制因素，在激发人的热情方面，大学生对问题的集体讨论具有重要作用。具体来讲，当大学生的言论自由权得到充分尊重时，大学生的发言也会相互影响，其思维也会相互碰撞，为创造性思维能力的发挥创造条件。

第三，竞争意识。在竞争意识的影响下，为了分享独到的个人见解和创新想法，人们的发言主动性也会得到有效激发，大脑思维活动的活跃度会大大提高。从心理学的层面来讲，人人都有好胜心，这种心理会在竞争环境中表露无遗，人的心理活动效率也会得到提升。

第四，个人欲望。个人的欲望在大学生对同一问题的集体讨论过程中能够得到充分尊重，保障这种自由不受任何因素干扰是集体研讨过程中极其重要的一点。在头脑风暴法中，对于仓促发言不得予以批评，不得表现出质疑的表情、肢体动作等，这是非常重要和必须坚守的原则。在这种原则的规范下，个人的表达欲望就得到了有效激发和利用，从而产生大量的新观念。

（2）头脑风暴的满足条件。头脑风暴法可以客观、连续地分析所讨论的问题，确保执行方案的可操作性，所以，在民用决策和军事决策中，头脑风暴法得到广泛认可和应用。但需要注意的一点是，实施头脑风暴法需要较高的时间成本、经济成本，需要参与者必须具备较高的素养，这些既是头脑风暴法开展的前提，更是其效果的保障。

除了程序上的要求，探讨方式对于头脑风暴是否成功也具有直接影响。总体而言，若想确保充分交流的无偏见、非评价性，应当满足以下四个条件：

第一，自由畅谈。所谓畅谈的自由化就是彻底摆脱各种条件的束缚，实现思想层面的放松，给思维以绝对的自由发挥空间，确保参与者可以拥有不同方位、不同层面的想象空间，从而提出带有个人色彩的真知灼见和创造性观点。

第二，延迟评判。在现场，对于任何设想不做出任何评价，是头脑风暴必须坚持的基本原则。这里所说的"不评价"指的是对某个设想既不肯定，也不否定，同时也不发表任何个人性质的评价。等到会议结束以后，才允许各种评价和判断。这一规则首先保证了与会者的积极思维不受任何外界因素影响，避免自由化的畅谈氛围被打破，其次可以使与会者的注意力集中在设想的开发上，确保了整个讨论流程的有序和有效，以及创造性设想的大量产出。

第三，追求数量。产生大量的设想是头脑风暴会议的目标，而对数量的追求则是其首要任务。因此，所有参会人员必须提高思考效率，在有限的时间内尽可能提出更多的设想，等到会后的设想处理阶段再去考虑这些设想的创新性、可操作性和有效性，并对其进行筛选。通常来讲，设想的质量与数量为正相关关系，即数量越多，质量才有可能更好。

第四，禁止批评。头脑风暴法要求所有与会者必须坚持的一个重要规则就是不允许批评他人的想法，这是因为他人的批评会直接影响与会者的设想开发和思想表达，使与会者的创造性思维得不到充分调动。与此同时，发言人的自我批评也在被禁止范围内，这是因为部分人可能会因为自谦而说一些自我菲薄的评论性言语，这对于积极向上、畅所欲言的会议氛围都将是沉重的打击。

（3）操作程序。

第一，准备阶段。准备阶段的工作主要包括两方面：①研究所议问题。这一环节主要由策划与设计的负责人参与，通过对问题的分析研究，要精准把握问题的本质和核心，在此基础之上找出问题的解决办法，以确保目标的最终实现；②选定参会人员。在确定参会人员之后，还要向其传达会议的基本信息，如时间、地点、议题、参考资料和设想，以及会议预期达到的理想效果等。

第二，热身阶段。热身阶段的主要内容在于为参会人员参加会议营造一个和谐、放松、自由的会议氛围。当主持人宣布会议开始后，需要将会议规则制度予以告知，而后就是活跃参会者思维的阶段，通常主持人会选择一些有趣的话题分享或问题讨论，来让大家放轻松。当主持人所提出的有趣话题与会议议题存在某种联系时，这就完成了会议主题的导入工作，参会者在思想放松的前提下参与讨论，也会使会议收到预料之外的效果。

第三，明确问题。这一环节主要是主持人对会议待解决问题的简明介绍，需要坚持简洁明了的基本原则，不可作过多的赘述，否则就会对参与讨论的人造成先入为主的思想，无法打开思路，提出创造性建议。

第四，重新表述问题。经过一段时间的思维碰撞和意见交流，参会者会建立对问题的初步告知。而为了继续加深大家的理解和思想解放，使这种整体感知升华为新思想、新观念，就需要主持人或记录员记录大家的发言，并进一步整理发言记录。整理工作结束后，要筛选出见解独到、富有启发性和创新性的发言，为接下来的畅谈阶段提供参考依据。

第五，畅谈阶段。畅谈阶段是创新想法的迸发阶段，而为了激发大家的创新思维，需要遵循相关原则：①为了集中注意力，明令禁止私下交谈。②个人只负责个人想法的表达，既不能对他人发言进行妨碍，更不能对其进行评论。③一次发言只表达一种想法，确保见解发表时简洁明了。为此，在会议开始之前，主持人就应当把这些规则向大家解释清楚，在此之后再引导大家各抒己见、畅所欲言、交流碰撞、思想共享，只有这样才能确保讨论结果，在这个过程中，需要做好会议发言记录的整理工作。

第六，筛选阶段。为了对会议记录进行补充，主持人通常需要在会议结束后的一到两天内，再次了解参会人员的新想法和新思路。在此基础之上，完成个人想法的方案整理工作，并依据可操作性或创新性或可识别性等标准规范，对这些方案进行多次反复筛选和对比，从中选出 1～3 个最优方案。通常来讲，最优方案直接反映了集体智慧，因此是多种创意的优势组合。

3. 六顶思考帽法

六顶思考帽能够为全面思考问题提供一个基础模型，是一种"平行思维"工具。关注的重点是提供解决方案、探寻发展思路，并不以谁对谁错为讨论核心，可以有效提高沟通的效率、避免无谓的争执。应用这种工具，能够厘清思路，将无意义的争论变为有价值的讨论，提升人们的参与度，提供建设性的意见，能够充分发挥出团队中个人的能力。六顶思考帽是一种思维工具，能够对人际沟通提供基本的操作指导，进而促进团队效率的提高。在实际应用中，这种工具操作简单，并且能够增加人们的热情，赋予人们勇气与创造力，让会议、讨论、报告以及决策过程不再单调、枯燥，充满新意与生命力。在实际操作层面，六顶思考帽可以实现以下五个目标：

（1）提出具有指导性的建议。

（2）学会倾听，更愿意聆听其他人的观点。

（3）与其他人思考相同问题时，能够站在不同的角度进行分析，提出的方案更具有创造性。

（4）以"平行思维"看待、思考问题，从而规避批判性思维以及垂直思维带来的问题。

（5）让团队成员充分参与讨论，积极提出自己的观点。

人们对六项思考帽存在着一定的理解误区，其中最大的误区是有人认为这种工具只是把思维划分为六种颜色。实际情况是，当人们应用这种工具的时候，核心是考虑帽子的顺序，即代表着思考的流程。因此，学会组织思考流程，才能真正理解这种工具的核心应用方法。

六项思考帽法对思维类型进行了定义和划分，同时考虑了思维流程结构及其影响。因此，它不仅能够促进团队协同思考，个人应用该工具时也能获得巨大价值。大学生应用六项思考帽法典型的应用流程为：①陈述问题（白帽）。②提出解决问题的方案（绿帽）。③评估该方案的优点（黄帽）。④列举该方案的缺点（黑帽）。⑤对该方案进行直觉判断（红帽）。⑥总结陈述，做出决策（蓝帽）。

4.学习迁移与顿悟

学习迁移理论的目的是理解事物的关系，对该理论进行再认识、再理解。学习迁移理论并不是对经验类的否定，而是重新认识了"顿悟"与迁移的关系，认为前者是后者的决定因素之一。两个学习情境之间存在共同因素并不能产生迁移，迁移的产生源于学习者对学习经验间关系的认识。以此为基础，迁移与顿悟可以理解为认识到两个情境的关系。

关系转换理论主要论述了学习主体、认识事物以及迁移产生之间的关系，这种理论的主要观点是，迁移是否产生以及产生的难易程度，与主体认识事物以及事物之间关系的深刻程度有关，当认识越清晰，迁移越容易发生。

人能够认识事物以及发现事物之间的关系，并且通过顿悟处理问题，这种能力是与生俱来的。认识事物、处理问题的过程可以脱离练习、经验来完成。通过观察大学生的学习与生活，我们发现顿悟产生的快慢与个体面对问题的熟悉程度有关，也就是说，越熟悉的问题，顿悟的产生越快；反之，面对不熟悉的问题，一般还需要进行不断的试错。

二、创业

（一）创业认知

一般情况而言，创业是凸显人主体地位的社会实践活动，是人类借助服务、技术、工具等自身拥有的资源，从事社会生产的一种劳动方式，具有广义和狭义两种概念：广义的创业指各行各业的人为了创造价值、成就事业而进行创造性的社会实践活动，其功能指向成就国家、集体和群体的大业，凸显主体独有的理念、能力和行动等；狭义的创业指经济学领域的概念，是主体为了解决就业或创造经济、社会价值而成立一定规模的企业，专门供应某项物质产品或服务的经济活动。

创业是人类在社会生产实践中，通过自身敏锐的洞察力发现商机，并据此成为商业主体，创造出新的产品或服务，充分发挥其潜在价值的一种复杂的实践活动过程。这一过程通常指从创业意识萌发到落地实践进行的阶段。

创业的特征表现为四个方面：①复杂的创造过程。开创的新事业必须是对个人和社会都具有价值，否则创业活动毫无意义。②需要付出巨大的努力。创业活动要成功，需要创业者花费大量的时间、精力和体力。因为在大多数情况下，创业初期都非常艰苦。③需要承担一定风险。创业面临的风险表现形式各有不同，主要涉及资源、市场、财务、技术等方面，创业者要有一定的魄力和胆识。④预期会带来回报，包括精神和物质两个方面，是创业者从事创业活动的主要原因，也是其在创业活动中奋勇向前的动力。

由此可见，创业是主体发现商机，借助已经掌握的信息、资源、技术等，利用一定方法和手段，在现有基础上创造出新的产品或服务，最终实现创业目标的创造实践过程。

1. 创业的意义

（1）从社会角度来看，创业能够推动科学技术的创新研发，促进国家整体经济形势的繁荣发展，在创造出丰厚的物质财富、带来巨大经济效益的同时，还能够增加就业机会，提升整体就业率，有效缓解就业形势。另外，创业活动对促进我国创新教育改革发展，培养社会急需的创新型人才意义重大，能够为创业型教育活动提供宽广的实践平台和现实理论。对社会而言，创业具体的意义和作用表现在四个方面：①增加经济效益，提高经济发展水平；②拓展就业渠道，缓解就业压力；③推动科技和社会发展，提高整体创新能力；④带动区域整体发展。

（2）从个人角度来看，创业需要付出巨大的努力，会面临不同的困难和风险，这些考验会不断促进个人思维和实践能力的提升。

第一，创业可以满足生存需求，获得经济回报。

第二，创业有利于实现个人价值和社会价值。选择自主创业是为了通过这一途径证明个人能力。创业者可以在一定空间里发挥个人才能，通过影响一部分人实现自我价值，得到社会认可。

第三，创业是一种职业。在就业成为主流的情况下，自主创业的人越来越多，甚至成为社会主流，成为大学生毕业后就业的重要选择之一。

2. 创业的层面划分

创业可以依据不同标准进行多层面划分。进行创业类别划分的目的是帮助主体通过对不同创业决策的对比，找出最适合自己的创业类型。因此，创业具体可从以下层面进行划分：

（1）从动机划分，创业包括：机会型创业、生存型创业。

（2）从企业建立渠道划分，创业包括：自主型创业、企业内创业。前者是创业个人或团体从零开始创造新的公司；后者是已经发展成熟、步入正轨的企业为了得到更好发展，刺激创新或使创新成果转为现实生产力，利用授权或物质支持等方式进行创业。

（3）从主体划分，创业包括：大学生创业、失业者创业、退休者创业、辞职者创业等。

（4）从项目性质划分，创业包括：传统技能型创业、高新技术型创业、体力服务型专业、知识服务型创业等。

（5）从承担风险划分，创业包括：依附型创业（依附大企业、产业链或进行品牌加盟）、尾随型创业（模仿他人成功经验）、独创型创业（填补市场内容或形式空白）、对抗型创业（对抗垄断企业）等。

（6）从周期长短划分，创业包括：初始创业（从无到有）、二次创业（成熟期再创业）、连续创业（初始创业到二次、三次等）等。

3. 创业的重要阶段

（1）识别和评估市场机会。

第一，创业机会的识别。在市场缺失情况下，有创业思想的大学生会嗅到创业机会。创业机会的识别，是大学生创业中最基础的一步。

第二，市场信息的收集与调查。观察法是最简单的信息收集方法，大学生创业者可以通过观察潜在客户的行为或反应，达到收集所需信息的目的，也可以通过观察行业先进者的行为，获取必需经验。观察法获取信息较为客观，具有一定的真实性，但很难了解到用户需求的真正动机。面谈法指与潜在客户面对面交谈的方法，通过面谈，大学生创业者能够较容易地获得所需信息。因此，应根据所处的实时环境，创业者灵活采用不同的谈话技巧及信息收集方法，使交谈顺利进行以获取有价值的信息。

此外，创业者也常常采用电话询问与网络问卷进行市场信息的收集与调查。市场调查的主要内容包括：政策法律环境调查、行业环境调查、宏观经济状况调查等。

第三，创业环境综合分析。SWOT分析是大学生进入市场进行机会评估的重要方法之一。评估创业环境优势和劣势、机会和威胁，用于对创业机会环境进行深入全面的评估和选择分析。

（2）准备和撰写创业计划书。

第一，创业计划书的内容。风险投资公司每月都会收到各式各样的创业计划书，为了确保创业计划书能够引起风险投资者足够的注意，必须进行充分周密的准备工作。创业计划书一般包括：创业公司摘要、创业公司业务描述、产品或服务、收入、竞争情况及市场营销、管理团队、财务预测、资本结构等。

第二，创业计划书的制作。整个创业计划书应有一个精彩的概要，用于吸引投资者的注意力。撰写创业计划书的最主要目的是吸引投资者，使他们产生兴趣。另外，在寻找投资者之前，需要做好市场调查，厘清投资者的基本情况，更细致地呈现投资者感兴趣或者关心的方面，如收益、成本以及风险等问题。

（3）获取创业资金。

第一，融资方式。融资方式包括银行贷款、股权融资、债券融资、融资租赁等。银行贷款是企业最主要的融资渠道。按资金性质而言，银行贷款分为流动资金贷款、固定资产贷款和专项贷款三类。

采用发行有价债券进行融资的创业公司，一般要经过法定程序，承诺在规定期限内连本带息一起偿还，而且在发债企业与投资人之间形成债务与债权的关系。在该企业进行破产清算时，作为债权人的投资企业享有剩余资产优先分配权，并且对债券具有自由转让处理的权利。融资租赁将融资与融物相结合，兼具金融与贸易的双重职能，提高企业融资效益，促进创业企业技术进步，包括直接购买租赁、售后回租以及杠杆租赁等。

第二，风险投资。股权融资是创业者用未来企业部分股权换取投资的一种融资方式，如风险投资。近年来，风险投资逐渐为创业者所熟悉，并在风险投资支持下，企业成功发展的案例激发了无数创业者的激情。

（4）管理初创企业。

第一，企业法律组织形式。在创建新企业之前，大学生创业者应该事先确定企业的法律组织形式，一个初创企业可以选择不同的组织形式，但无论选择哪种形式，都必须科学衡量各种组织形式的优点和不足，选择适合的组织形式。

第二，企业组织结构。企业的组织结构主要分为职能制、直线制、事业部制等。

选择"职能制"的企业，相关管理责任与职权并不是由主管直接负责，而是分配给设立的相应职能机构。这些职能机构在职责范围内有权利指挥自己的下属行政单位。

直线制是在企业中最早出现的，也是复杂程度最低的组织结构。采用该组织结构的企业各级组织之间是直接领导的关系，即下级只有一个直接上级，一般适合规模较小、生产技术复杂程度低的企业。

"直线—职能制"是由直线制与职能制相互补充形成的。直线制领导以及相关人员可以在职权范围内决定以及指挥下级行为，并且对自己部门的行为负有全责。

"职能机构"以及其中的人员，是为领导进行直线指挥时提供参考意见并对业务进行指导的，并不拥有直接向下级部门下达命令的权利。

事业部制是公司在管理上采取的高度集权的分权机制，一般适合规模比较庞大、产品种类复杂、技术复杂程度较高的企业。

（二）创业精神

创业精神是突破现有资源限制而追求商机的精神，是捕捉和利用机会，敢于承担必需的风险，为创造新的某种价值努力发挥创造力，实现创新的一种心理过程。

大学生要培养自己的创新精神，善于在已有经验的基础上，发现新事物、创造新办法，从而解决新问题。大学生要有勇敢面对挫折的精神，具有坚定的创业意志品质。大学生要培养吃苦耐劳的精神，吃苦耐劳的精神是指一个人面对困难并克服困难的过程中，磨炼出的一种坚定的、持续的意志品质和顽强的精神。大学生要培养危机意识，当今市场竞争越来越激烈，如果缺乏危机意识，离成功的机会也越来越远，大学生可以通过创业竞赛、创业实践来培养自己的危机意识。大学生要不断充实创业知识。

课外活动又被称为"第二课堂"，是大学生创业精神培育的重要载体。课外活动中的专业社团活动、挑战赛活动、创新创业工作坊活动等，均对大学生创业精神培育起着润物无声的作用。对于大学生来说，一方面，要积极参加社会实践活动。社会实践活动主要包括到企业实习和利用寒暑假、周末做兼职等，通过这些社会实践丰富大学生的社会阅历，以便于发现商机。另一方面，积极参加学校组织的各类第二课堂活动。积极利用大学生创业园等学校提供的创业实践平台，通过创业亲身实践，体会创业艰辛，以此来提高自己的抗压能力，磨炼自己的意志品质。

三、创新与创业的关系

创新与创业的关系是相互联系，不可分割的。大学生创业者通过技术创新，即新产品或服务生产的新流程，获得战略优势。在一段时期内，获得战略优势的创业企业可能是唯一使用该创新手段的企业，所以，该企业可以预期获得"垄断利润"。但是其他企业如果发现这个创新技术并模仿该技术，这样的创新就进一步提升了整个产业的生产力，并且在模仿中涌入大量新思想，使垄断利润逐渐减少并最终达到平衡。之后新的创新循环开始。在创新过程中，有创新目的的大学生需要一定的经济利益支撑创新技术的研发，大学生创业者在新的利润增长点的驱动下，需要创新实现垄断利润。创新者在寻找创新点的同时，需要创业实现对创新持续的支撑。创业来自新产品、新技术、新供应来源与新组织的竞争。创新不仅是竞争的工具，也是保障的基础。所以，创新推动创业。

创业意味着有远见、睿智地运用相关工具，精力充沛地执行创新创业战略，以及带有冒险倾向的判断与决策。创新型组织需要在组织中创造一种结构（部门、团队、专家小组等），利用资源并承担推动创新的责任。

创业更多体现在更新企业现有产品和改进生产、提供产品的方法层面，与新创企业所需的创业精神同样重要，通常被称为"内部创业者"或者工作在"公司创业部门"及"公司风险投资部门"的创业者。当然，改变事物的激情并不一定要围绕创造商业价值，也可以在改善生产条件或是在更广泛的社会领域与社会环境可持续发展方面做出改变，这一领域被人们称为"社会创业"。在创新创业组织的生命周期里，创业驱动创新，从而创造商业价值和社会价值。

四、创新创业教育原理

"创新创业教育概念的提出代表了中国高等教育改革发展的重要方向，其理论意义在于承认每个学生都具有创新创业潜能，其实践意义在于引导每个学生都成为创新创业人才并促进高校教育教学范式转型。"[1]

（一）创新创业教育的概念界定

1. 创新教育概念界定

创新教育是一种增强创业能力以及丰富创新能力的新型教育形式，反映的是社会发展的新需求。此新型教育形式包含两个方面：一方面是对整体经济环境的了解和分析能力，另一方面是基本的学习知识能力及其相关方面的利用，或者是商机预测能力及创新活动能力，甚至是风险管控以及合作能力

---

[1] 王洪才. 创新创业教育：中国特色的高等教育发展理念 [J]. 南京师大学报（社会科学版），2021（6）：38.

等。在实践过程中，创新教育需要多方面考虑，而不是只沿用历史教育发展过程中既定的内容；还需要懂得创新教育发展的相关规定，以及创新教育的变革和将来的发展路程。

创新教育是让人学会创新，运用所创新的东西。只有以人为本的创新教育才能更好地拓展思维、提升能力，才能真正提高教育水平，才能被称为真正意义上的创新教育。高校是我国培育人才的基地，尤其是培育创新型人才。创新教育在让学生拥有更多探寻精神的同时，对其相关知识的实践能力也有很大帮助。

学校的创新教育不只是知道先人的思想，而是包含多方面，例如，让学生学会自主学习、不断改变个人的思维模式并喜欢思考等。真正的创新能力是一种综合技能，需要人们在创新过程中学会观察，懂得分析和应用，注重个人整体实践能力以及自身的提高与创新。

创新教育是随着时代变化而发展起来的。21 世纪中，高等教育顺应历史潮流，是对原有教育模式的变革，其中培养大学生创新能力与创新精神是各高校提倡的创新教育的中心。创新教育是给学生创造出一个可以提高学生兴趣、激发学生潜能与创造力的环境。对此，高校可以通过制定完美与健全的教育体系和实践基地，发掘学生的潜力及创造力，让学生养成自主学习的习惯，同时使他们学会学以致用。这个环境是当代各高校对教育体系改革和教育教学内容的改变，是对教育价值体系的再探索，也是高等教育创新的方向。

2. 创业教育概念界定

创业教育是一种新型的教育思想，经过多年发展已经取得一定成绩。但还有很多人普遍认为创业教育所指向的是创业方面的指导，对于受指导的人而言，是创业方面的理论基础，也是整体实践与应用能力方面的提升。这些认识从字面意思便可以看出来，但是对于创业教育的定义，目前的争论还较多。

创业教育被认为是学业学习教育以及职业规划教育后的第三种，即人类的"第三本护照"，也是随着经济，即教育科学发展后可以获得更优质生活的必需教育。创业教育被认为需要不断开发学生的创新能力与创新精神，这样基本素质才会有质的改变，是在新时代经济环境下必须具备的。当然，这种理论也是与知识教育环境相对应的一种新型教育观念。

创业教育的概念有广义和狭义两个方面：从广义而言，创业教育是强调在当前环境下造就更多的创业人员，他们相对于普通创业者有很多优势。例如，创新与创造能力更佳、拥有自主创新精神和强烈的探险意识；从狭义来看，创业教育所致力的是学生的基础教养与素质。例如，提高创新思想与创新思维能力等，以这些基础素质为主要教育内容，方便学生在离开校门走向社会以后，可以有更好的机会进行创业，有更好的创业基础，可以让学生创业走捷径并做出成绩，是让学生从大众思想上单纯找工作转换成为更多人创造工作岗位的教育。因此，总体来说，创新教育有非常多的优势，一方面可以直接提升高校学生的整体创业素质与创新精神和各方面的组织能力；另一方面，创业教育是如今解决大学生就业难的一个途径，很大程度上能够缓解社会就业压力，对于当代各大高校学生而言非常重要。

（二）创新创业教育之间的关系

创新教育属于一种新式的教育模式，主要作用是培养高校学生的创新能力、创新意识以及精神，让学生各方面协同发展。创业教育具体而言，是一种教育活动，主要是让高校学生有自主意识地进行创业，从而增加学生的创业能力，强调创业人员以及创业知识。虽然，创新教育在一定程度上和创业教育存在重合点，但并不是指它们之间可以相互代替和等同。

第一，创新教育与创业教育内容相通、目标一致且功能相同。创业教育和创新教育相辅相成，相互交融，创业是创新的基本。从广泛意义上而言，创业过程中的实践成果是说明创新或者创业是否成功的一个标杆；创新所呈现出的形态是创业。创业是否成功，关键是应有一个良好的措施。创新教育是一种新式教育，提倡增强学生的探索创新能力，也是其终极目标。创业教育强调的是高校学生要有创业思维与意识，从而增强创业能力，提倡基础知识的普及。创业教育和创新教育两者之间有互相推动的作用，也有相互限制的地方。

创新教育不只是对传统教育方式的改变，更是对教育所属的功能意义进行定位，是一个全方位以及根源性的教育变革。高等教育在当代新经济形势的发展情况下有新的要求，各高校需要培育更有探索精神及创业思维的人才，提高他们的创业素质。因为在新时代经济迅猛发展的同时，只有拥有高素质的人员，才能跟上社会经济的发展步伐。

第二，创业教育是创新教育的深入与强化。创业是一种新形式的创新，创新必然在创业中有所体现，创新是创业的根基。社会经济主体在进行创业时需要有稳固的基础，这个基础是在创业时勇于冒险、勇于突破，具有创新与冒险思维，更为重要的是有绝佳的管理能力。因此，要成为创业者，必须具有各方面的能力，具备这些能力才能做好管理方面的工作以及扮演好相应角色，这也是创新教育必须不断深入，从而演化为具体的创业教育的原因。因此，创业教育在各大高校中需要广泛普及。

综上所述，对于创业教育而言，创业教育与创新教育相辅相成、相互限制的同时，也是相互融合又相互统一的。各大高校对学生实施创业教育，一定意义上是让学生可以更好地完成创新教育。

（三）创新创业教育的意义

1. 创新创业教育对国家宏观战略的意义

（1）创新创业教育是我国加入世贸组织的需要。在参与国际竞争的大背景下，在知识经济浪潮的冲击下，对人才要求的显著特征是具备创新的意识和能力，社会需要的也是创新人才。为适应经济全球化挑战，各国政府应从长远着想，加快本国高等教育步伐，积极培养具有国际视野，具有创新意识与国际竞争力的人才。

创新教育已成为全球对高等教育的共识。随着我国经济的发展，我国主导性产业将直接参与国际竞争。对此，要求我们必须拥有大量具有国际竞争力的人才。我国将有更多的公司到国外去经营，同样需要一批高级管理人员和科技人员作为企业骨干，这些骨干必须与国际人才标准接轨。因此，要求高等院校能够培养和国际接轨的人才，能够培养具有创业创新精神的人才。这样的人才必须是熟悉国内国外情况，了解国外文化，具有扎实的专业知识，具有创新精神和知识创新、技术创新能力及较强经营管理能力的创新创业型人才。因此，高等学校必须由传统教育向创新创业教育转变。

（2）创新创业教育有助于科教兴国战略的实施。在国家创新创业体系中，高等学校具有特殊作用。高等教育作为教育体系的领头所在，是科教兴国战略实施过程中极为重要的部分，为了推进科教兴国战略的顺利推进，高等教育必须适应时代需求，从应试教育转向素质教育，而素质教育的灵魂是创新创业教育。因此，高等教育应当推进创新创业教育全面落实，让大学成为新知识、新思想的生产库，而不仅是旧知识的储藏库。鼓励学生利用已掌握的知识，设计、开创事业，通过"手脑并用"，在实践中消化知识、创新知识。

（3）创新创业教育是国家兴旺发达的显著要求。创新创业是一个国家实现兴旺发达的显著要求，是推动国家经济发展、社会进步的不竭动力。创新创业是社会个体的一种生存方式，也是国家的一种发展模式，在国家发展、进步中扮演着极为重要的角色。21世纪，知识时代全面到来，经济已经不是国际竞争的唯一决定因素，创新能力及创新人才竞争成为当下时代竞争的主要对象，已经有许多发达国家将创新创业教育作为本国发展的主要战略。

一方面，国家、社会需要创新型人才，创新创业教育在创新人才培养方面发挥着独一无二的作用；另一方面，创新创业教育能够帮助学生积极投身社会实践，通过创业活动拓展学生的就业途径，开创更多的社会就业岗位，进而推动社会经济发展。目前，我国经济机构中，中小型企业在国民经济中的比重逐渐上升，而创新创业活动是从中小企业开始的，创新创业活动带来的新企业对于激发社会经济活力具有至关重要的作用。

总之，无论是引导高校学生开展创新创业实践，还是帮助国家培养适应时代需求的创新型人才，都离不开创新创业教育的实施，积极推动创新创业教育全面开展是实现国家兴旺发达的迫切需求。重视创新创业教育能够有效提高学生的创新创业能力，促进创新型人才诞生，是我国教育活动中极为重要的内容。

2. 创新创业教育对我国教育发展的意义

（1）创新创业教育有助于教育思想的转变。现代市场经济的发展和知识经济时代的到来，为高等教育更新教育观念，转变教育思想提供了充分的现实依据，对此要求我们把创新创业教育实质性精神融入高等学校整体的教育管理和具体教学过程中，对于应试教育中普遍存在的知识灌输和过分强调整齐划一的教育模式应该彻底摒弃，转而围绕创新创业教育重新构建适应时代需求的人才培养模式，在创新知识与创新技能的吸收中激发学生的个性与潜能，推动学生全面发展，并将这一理念推广到整个高等教育系统，推动国家建设创新型教育思维和教育模式，进而深化当代素质教育改革，确立以培养创新意识为目的的新时代教育理念。

由于中国高等教育起步较晚，要追上甚至赶超世界高等教育的步伐，首要问题是进行教育观念的更新和教育思想的转变。这一问题的提出是在适应国家当前经济社会的发展下，加快当前经济发展方式的转变以及建设国家创新体系的迫切需要，只有加快教育观念的更新和教育思想的转变，才能实现中国高等教育真正意义上的跨越式发展。

高等教育要在创新创业教育思维、知识和方法上取得有价值的全新成果，培养高素质创新创业人才，不仅要提高广大教师自身的综合素质，更为重要的是使每一位教师充分认识到自身在创新创业教育中的重要地位和主导作用，切实转变育人观念，把对学生创造能力、创新能力与创业能力的培养，潜移默化地贯穿整个教学过程，着力培养大学生的创新精神，着力提升大学生的实践能力，着力增强大学生服务国家与人民的社会责任感。

近年来，中国在素质教育理论正在不断研究和探索，但素质教育在近年的教育活动中并没有得到全面、切实的落实，无论是教育模式、教育理念还是教育手段，都没有发生根本性改变，这一现象影响新时代创新创业教育的推进和创新创业人才的培养。创业的本质与核心是创新创造，内涵是开拓事业、岗位立业、创办新企业、开拓新岗位等，创业已不再局限于人们所认为的只有创办企业，而是更加强调对大学生学习能力的培养，旨在让大学生学会学习与生存，学会把握机会，进而加快自我发展的步伐。

教师教书育人观念的转变，是高等学校教育思想转变和教育观念更新的具体表现。现在，创新创业教育是围绕创新的本质与核心展开，其中强调的个性、创新性、实操性还有开放性，都是其根本属性，创新创业教育已不再局限于专业知识的灌输，更注重的是对学生创新意识与创新精神的培养，旨在提高学生的创业能力以及内在素质的生成。

（2）创新创业教育有助于教学模式的创新。创新创业教育有助于教学培养模式的创新，具体体现在两个方面：一是人才培养模式的创新，二是教学管理模式的创新。创新创业教育是从应试教育和就业教育的人才培养模式向素质教育和创业教育的人才培养模式转变。简单来说，是以创新精神为导向，建立新的人才培养方案和目标。

（3）创新创业教育是教育改革的必然趋势。创新创业教育受到世界越来越多国家的关注，是顺应时代发展的教育改革趋势。全面推进素质教育，实现高等教育转型，培养适合社会与市场需求的创新型人才，是我国高等教育改革工作的主要目标，创新创业型人才的培养也是适应社会主义市场经济发展要求的人才培养目标。

21 世纪已经进入全新的知识经济时代，创新创业教育是新时代对高等教育提出的新要求。知识经济时代的特征是科技产业发达、市场环境多变、产业变革迅速等，创新与共享已经成为市场常态。因此，高等教育如何适应新时代的需求，培养符合时代潮流的创新型人才，是当下教育改革面临的重要课题。

3. 创新创业教育对我国社会经济的意义

当今世界，伴随着以微电子技术、计算机应用技术、多媒体技术、信息技术的发展以及全球经济一体化的推进，知识经济已在世界范围内兴起。在知识经济时代，我国综合国力的强弱将取决于我国科学技术新知识总量在国际上所占份额，取决于我国创造新知识的优秀人才总量在国际上所占份额。因此，面对知识经济的浪潮，培养创新创业型人才已成为我国的紧迫问题。如果将大学看作"知识工厂"，它不仅是旧知识的储存、传输基地，更是新知识、新文化产生的重要发源地。所以，高等教育作为整个教育体系的最高层次，在知识经济时代处于核心地位。

知识经济时代，全社会都要支持、鼓励广大学生创业，以至于创造新产业，创造新的工作岗位。高等学校必须实施创新创业教育，培养学生的创新意识和创业能力，才能让中国在不断适应时代潮流中实现自我发展。教育是知识经济竞争的基点，对知识的再生产、知识的传播和知识的应用具有重大作用。为了适应知识经济的人才要求，需要高校把教育重点转移到创新创业教育及培养创新创业人才上来。在知识经济社会，知识产业成为社会的主导产业，知识劳动者成为劳动的主体，教育上升到经济发展和社会进步的首要位置，成为社会生活的中心。因此，建立面向全民的创新创业教育系统是一项紧迫任务。开发在校大学生的创新创业智慧，引导、鼓励他们在"创中学，学中创"，将加快创新创业型人才的培养进程。

工业 4.0 时代给人才培养带来了两大挑战：①对人才创新能力提出了更高要求。人类在生产活动中身份发生转变，已不是传统的服务者角色，而是扮演着全新的指挥者、决策者和规划者的角色，这也导致对人才提出了更高的要求。②智能化带来的天然劳动力，让企业人才需求下降，与之相伴的是高校大学生就业率费的降低，市场人才过剩成为常态。因此，创新创业型人才培养是教育发展的必然趋势，创新创业教育能够为社会提供更多的新型人才，也能够为社会创造更多的新职位。可以说，创新创业教育是知识经济时代的制高点，可有效提升国家在未来经济、文化竞争中的竞争力。

20 世纪 90 年代后，以信息技术、生物技术为代表的知识经济迅速发展壮大，人类社会进入全新的知识经济时代，智力资本、人才资本已经成为当今时代企业竞争的重要资源。因此，为适应时代发展，企业管理者更需要具备创新意识，用创新的眼光透视市场，及时把握市场机会。

随着社会生产力的不断发展，技术和教育成为新时代衡量社会经济增长的测算指标，即"技术进步指数"。创新创业教育培养出的创新型人才，能够有力地推进国家经济发展，为国家的繁荣与强盛提供源源不断的发展动力。也就是说，创新创业教育是维持当今时代社会经济持续增长的内在动力。

第二节　高校大学生创新创业教育的特点与功能

一、高校大学生创新创业教育的特点

"创新创业教育"是一个全新的概念，由创新思想、实践经验和创业教育相统一而形成。学术理论界对此有很多理解，很多专家对于创新创业教育的理念与想法有所不同，发展到今天，学术界的理念仍然没有达成统一。一些专家认为创新创业教育在高等学校中出现，目的是培育学生创新能力与创业过程中的基本素质，只有基本素质提高，才可以使学生各方面得到发展。正因如此，创业教育才可以被称为全新的教育形式。

大学生创新创业教育是一种新的教育模式，是一种各方面教育教学理念相结合的教育，需要针对高校学生，同时符合当代经济发展要求。创新创业教育的主要目的，不仅是培养学生的探索精神和创业能力，也是提高学生创新思维的同时，培养他们的自主意识。创新创业教育不同于传统意义上的教育思想，而是使高校教育教学和创业之间关系更加密切，从而提高学生的整体思维能力与创业素养，与当代信息发展与经济环境相辅相成。此外，创新创业教育已逐渐从单纯的教授知识转变成重视素质与创造力的培育，为高校学生走向社会、走向创业之路奠定牢固的根基。

创新创业教育提倡自主意识，要求大学生具备自主创造力，也需要有相应的探索以及创新能力。只有这样，大学生才能在走出校园后发现自我，自主探索。创新创业教育是基于传统教育方式演变而来的，特点包括以下三个方面：

第一，传统的教育模式目的性较弱，而创新创业教育是以学校学生为对象，并且目的明确。创新创业教育不仅可以给学生创造更多的创业机会与创业建议，还可以让学生到相关企业进行实践，了解更多的管理思想。

第二，创新创业教育的核心是实践，通过各项实地实践，可以激发学生的创业思维。例如，高校不仅设立和创业有关的活动或者竞赛，还可以设立相关创新理念或创业能力方面的奖金，建立相关的创业中心、创业协会、学校创业社团基地等，都可以使学生了解创新创业教育模式。

第三，创新创业教育需要有相应的依托。高校自行建立的创新创业教育基地，可以很好地实现这一目的，能够给本校学生提供更多的创业课程以及管理理论知识，为学生提供一个良好的平台。

二、高校大学生创新创业教育的功能

教育理念推动教育实践，创新创业教育会对社会发展、教育发展和人的发展产生深远影响。培养创新创业型人才，既促进了社会进步与发展，又促进了教育改革与发展，更促进了人的全面发展。

（一）社会发展功能

创新创业教育对社会的发展起着重要作用：一方面，创新创业教育可以使学生对就业和创业做好准备，缩短毕业和就业的空窗期；另一方面，创新创业教育可以提升科技创新能力，促进我国的自主创新能力发展。高校不仅是培养人才的摇篮，更是实现科技创新的密集地。因而，高校要引导学生将创新转化为现实的生产力，使大学生不仅成为一个知识的拥有者，更要成为一个社会发展的推动者，形成经济增长与就业增长的良性互动。

（二）教育发展功能

创新创业教育对高等教育的持续健康发展起着重要的作用。高等教育要走出传统教育理念的局限性，实施创新创业教育是必然选择。大学创新创业教育要确立"宽口径、厚基础、综合化"的模式，使学生的知识、能力与素质全面发展，科学精神与人文素养相融合；改革现有的专业课程体系，优化学生的知识结构，推进教育方法的启发性和参与性；不断探索教学管理体制如实行选课制、学分制，使学生的创新性和创造性得到发挥。

（三）人的发展功能

创新创业教育更关系到人的发展，有助于大学生树立正确的人生观和价值观，形成社会责任感，激发学习积极性，促进其全面发展。高校创新创业教育要坚持以人为本，要帮助学生规划自己的职业生涯，尤其是在大学阶段的奋斗目标，学会处理与社会、他人、集体的关系，不断升华和完善自身。大学创新创业教育能够开发潜能，培养学生的创新性思维方式，提高其创造力、适应力、学习力与竞争力。因此，创新创业教育既能培养大学生健全的人格，又有益于人的全面发展，其将成为人类发展的源泉。

第三节　高校大学生创新创业教育的本质与原则

一、大学生创新创业教育的本质

（一）创新创业教育是新型素质教育

高速发展的信息时代，让高等教育走向大众化、普及化，而创新创业教育是当今时代高等教育发展的必然走向。当前，世界各国都十分重视创新创业教育对国家经济发展的作用，我国也不例外，创新创业教育已成为我国教育改革的突破口，受到学界广泛关注。

素质教育是在传统教育基础上更新而来，是对传统模式的反思成果。素质教育相较于传统教育，呈现出明显的综合化、全面化倾向，是知识型时代、数字化时代下发展的新型教育模式，标志着高等教育进入全新阶段。创新创业教育的出现推动了素质教育的变革，让素质教育升华为与时俱进的实践教育。创新精神、创业能力等是新时代人才的重要素养。为了顺应时代需求，创新创业教育应该开展具有创新性、实践性等特征的教学活动。可以说，创新创业教育是素质教育在新时代需求驱动下的更高层次深化、延伸。

（二）创新创业教育是四创合一教育

创新创业教育是创造、创新、创业、创优"四创合一"教育，其目的是培养学生的创造性思维、创新精神、创新能力、创优意识。

创造是一种思维方式，创造需要经过新想法的提出、新理论的建构、新产品的生产等，是从无到有的过程；创新是一种发展能力，以现有的思维模式对现存事物的重新发现、重新认识，所有有价值的新事物、新思想的诞生都可以看作创新成果；创业是创新和创造进一步发展的结果，将创新、创造结果应用到管理或技术上产生一定经济效益，在现代社会创业中被视为一种生存方式；创新创业教育所培养的是一种精神品质，是创造、创新和创业的升华。

所有新的物质或者精神成果都属于创新，而试图将创新性成果落实的活动过程就是创造；利用商业机会和社会资源将这种创新性成果应用于生产活动的动态过程中就是创业，其贯穿于创造与创新的始终。

（三）创新创业教育是教育体系的一部分

创新创业教育模式是一种新型教育模式，但这并不是对传统教育全盘否定的模式，而是在传统教育基础上延伸、发展而来的教育新模式；创新创业教育对固化、刻板的传统教育进行改造，更强调"综合式教育"，即强调基础教育与职业教育、继续教育有机融合，又关注知识理论、实践技能、情感体悟的共同开发。简而言之，创新创业教育是为适应时代需求，在传统教育模式基础上衍生而来的新式综合教育模式，是对传统教育的继承与发展。

二、大学生创新创业教育的原则

（一）全程性与分层性相结合

创新创业教育要发展得好，必须具备开放性与延续性的特点，这也是终身教育系统的重要组成因素。全程性体现在大学创新创业教育阶段的开放性与延续性。高校需要将创新创业教育的目标与其专业教学体系相结合，更好地培养全面的创新创业教育人才。

高校的创新创业教育在不同的时期应当具有不同的侧重点。在刚进入大学时期，应当先让学生充分了解创新创业，重点培养创业者的创业意识，让他们掌握相关内容的基础知识。在学生具有创新创业意识后，应当有针对性地开展技能培训教学，并且不断提高学生在创业过程中的意志力、创业能力与综合素质。

在培养高校毕业生时，高校应当重视教育延续性的特点，实施创新创业教育人才培养，由全面人才培养到重点的创新创业人才培养。要达到更好的发展创新创业教育目标，需要高校将创新创业教育落到实处，发挥其最大作用。

（二）理论与实践相结合

高校在开展创新创业人才培养计划时，要重点关注理论与实际相结合。只有如此，才能培养现代社会所需要的创新创业高素质人才。因此，高校在培养创新创业人才过程中，不仅需要加强理论课程的教学培养工作，增强学生的创新创业意识，提升学生的创新创业能力，还需要根据创业者的自身特点，指导学生开展实践，并且积极号召学生参加创新创业活动，提升他们的创新创业能力，做到理论与实际相结合。

（三）开放与协同相结合

高校受到教育资源分配与资源有限等问题影响，要获取有利于培养创新创业教育人才的优质资源，高校应该坚持开放办学，并与各部门创立共同创新体制机制；为了培养创新创业人才，还应该建立创业协同机制，将各部门的职能步调统一，从而促进创新创业教育的长久发展。

第二章
创新创业教育对高校大学生的
重要影响

第一节　创新创业教育对高校大学生创造力的影响

　　学生参与是指学生在课堂内外、有效教育活动上所付出的时间和精力。大学所创造的促进学生参与这些教育活动的服务和条件，是影响高等教育质量成果的重要因素。学生参与可以更有效地帮助高校和相关政府部门认识教学质量，从而促进大学作出相应的改进。

　　对高校创新创业教育而言，其主要参与者是学生，大学生对创新创业教育的参与情况应该受到学者们的关注和重视。本书立足于大学生的实际创新创业教育参与情况，调查、分析、评估创新创业教育对大学生创造力的影响。

一、创造力的影响因素

　　明晰创造力的影响因素是针对性培养和提高大学生创造力的前提，如利用德尔菲法筛选出四个影响大学生创造力的关键因素：个体素质、家庭背景、学校和社区，其中社区包括社会教育环境和社会文化环境。具体而言，主要包括以下部分：

　　第一，大学生的性格特征，个性特征较为积极（如独立、果断）的个体创造力水平较高。

　　第二，动机，创新行为总是和高风险或失败相伴，只有内在动机高的人才会愿意冒险。

　　第三，知识，知识是思考的基础，创造力需要以知识为基础。

　　第四，家庭社会经济地位，高社会经济地位的家庭往往有高受教育程度的父母和较高的家庭收入，家庭氛围更加自由开放，孩子的创造力水平也高于来自贫困家庭的学生。

第五，学校环境，在学校及老师努力营造的创造环境下成长的学生创造力水平较高。

第六，社区环境，政府和社会应该提供有利于创造力发展的教育和文化特征，尊重差异，保持积极、自由的学习和创新环境。

二、创新创业教育政策对大学生创造力的影响

为更好地推动创新创业教育的发展、改革，培养适应国家经济社会发展的高创造力、高质量人才，可以从以下方面入手。

（一）改革现有教育体制

创造力可以通过一系列的活动进行培养和提高，但是中国传统的教育模式中，分数往往是考核一个学生优秀与否的最重要条件，导致学生创造力的培养总是容易被忽视。因此，为培养和提高大学生的创造力水平，改革中国现有教育体制迫在眉睫。

对大学生而言，作为未来国家的建设者和接班人，大学生应该更加注重提高自身的创造力。随着社会的快速发展，瞬息万变的市场经济环境需要大学生具备较强的环境适应性，而只有创造力不断提高才能更好地适应发展。大学生要积极主动参与学校组织的创新创业活动，同时要充分利用教育教学资源，不断培养提高自己的好奇心和想象力。

对高等院校而言，大学作为培养大学生创造力的重要场所，要肩负起培养、提高大学生创造力的责任。由此，对高校而言，首先，高校要重视创造力的作用，营造一种鼓励创新、创造的良好环境。开发、组织各种创新性活动，并设置一些荣誉或奖学金等鼓励性措施，激励大学生积极参与。其次，要注重"榜样"的力量，加强对"榜样"的宣传，更好地发挥"榜样"的示范和带领作用。最后，高校应精心选择、组织任课教师进行专业化的课程培

训，开发、设计教学课程中的创新点，培养和激发学生的好奇心和创造力。

因此，要优先改革考试制度，建立多元学生评价机制，这是教育可以真正得到改革的重中之重。只有在一定程度上变革考试制度，学生的学习方式、教师的教学方式、家长的教育方式才能适当转变。其次，学校应该开展课程改革，重视校内益智课程开发和利用，通过学生的课程参与推动其好奇心、想象力等能力的提高。最后，对校外教育培训机构的管控必不可少，净化教育培训市场，减少不规范、低水平的教育培训机构在培训市场上滥竽充数。

（二）关注创造力培养中创新创业教育的作用

提高大学生创造力是创新创业教育的核心，根据调查研究的结论，未参与创新创业教育的大学生创造力低于参与样本，说明参与创新创业教育的学生的创造力较高，证明了两者之间的确存在一定正相关，特别是冒险性、想象力强的大学生更愿意参与主动型创新创业教育，说明主动型创新创业教育的参与对大学生的冒险性、想象力要求较高，不具备这种能力的学生会较少参与。根据对样本的参与状况分析，当前大学生参与最多的仍是被动型创新创业教育，即创新创业课程和讲座等。然而，被动型创新创业教育对大学生创造力的培养和提高存在一些问题。如创新创业课程和讲座重理论而轻实践，专业教育中又往往忽视创新创业思想的传输，专业课教师的创业经验较为有限等。由此可见，高校需要将创新创业教育提高到一个真正受到重视的位置，而非简单浮于表面的"创新创业"。

第一，高校应该加强对创新创业课程教师的培训，增加创新创业课程中的实践环节，使学生能够真正体验到创业的各个过程，而不仅是了解创新创业的理论知识。当然，真正经历过创业的人会比"深居"高校的老师创业经验更加丰富，如果高校可以邀请创业者向大学生讲授、指导创新创业课程，对大学生的锻炼和提高势必会更加有效。

第二，在专业教育中，任教老师也要重视创新创业教育，而非仅在教学大纲中展示"创新"。如专业课老师可以通过鼓励学生对某些专业知识问题展开"头脑风暴",既加深对专业知识的理解,又能不断开拓思维,激发创造活力,挖掘创造潜能。

第三,政府应继续鼓励创新创业教育的发展,适当为高校提供更多资源和资金,如帮助他们协调相关企业,促成企业和高校之间的创新创业教育合作,一方面可以提高大学生的创新创业能力,另一方面也利于企业培养未来员工。同时,打造多类型的大学生创业实践平台与基地,不断提高平台利用效果,也是政府和高校要重视的重要方面。

(三)发挥主动型创新创业教育的作用

主动型创新创业教育参与人数较少,一方面与学生的自我参与意愿有关;另一方面,由于创新创业大赛总是和"高低优劣"相关,而社会上弥漫的"失败即损失"的风气会将一部分想要参与创新创业大赛却又害怕失败的学生"拒之门外"。

因此应做到以下方面:

第一,学生应该端正自己的思想,不能因为畏惧失败就放弃参与机会。

第二,专业课教师要鼓励并带领学生参与创新创业大赛,将专业知识投注到比赛的内容中,实现专业知识和创造力培养提高的双赢局面。对政府和高校而言,应该继续深化高校创新创业教育改革,以创新创业大赛为载体,以赛促教、以赛促学、以赛促创,加快培养创新创业生力军。

第二节 高校大学生创业意向及其影响因素

一、创业意向

意向是一种在没有任何他人强迫的情况下个体产生采取行动的愿望。意向是表明人们对目标行为愿意为之付出的努力程度，直到在适当的时机，意向才会转化为实际的行动。因此，意向可以表示为一个人尝试做某事的意愿有多强，以及愿意为尝试执行某种行为而付出的努力程度。

意向是表明人们愿意尝试多少努力，以表明他们正在计划执行特定的行为。意向是行为处置倾向，在适当的时机和条件下，个体会试图将意向转化为实际行动。创业意向的目的是创造一个新的企业或在现有企业中创造新价值。

创业意向是个体对建立新的独立企业或在现有企业中创造新价值的一种主观态度，是个体对实施创业行为的认知，也是人们对创业态度、能力的一般性描述。个人决定参与新的创业过程在很大程度上是有意识和慎重的，而不是偶然的。创业意向是个体对创建新的公司行为的认知反应，即个人为实现新业务而实施的行为的认知表征。

二、影响大学生创业意向的因素

创新创业是一种有意向有计划的主动行为，这种意向是大学生将有意识的计划或决策付诸行动的动机。一个人的创新创业意向是一个个体创业意向和个体计划创立企业的信念，有了这种信念才会进一步地履行和完善。但是在很多时候，创业意向仅仅是一种动机。

高校对于大学生创新创业意向的评估不仅要关注毕业生离校时的创业人数及所占比例，更要从低年级开始抓起，提高大学生创新创业的思维和意向，培养潜在的有创新创业意向的学生，让其提前以一名创业者的思维出发。持续广泛的大学生创新创业讲座和与创业者交流的实践活动会增加大学生创新创业人员的信心，提升大学生创新创业的意向，为今后的规划奠定良好的基础。

（一）高校对大学生创新创业意向的影响因素

各高校需要积极推动实施以下措施，以对大学生创新创业意向产生积极的影响因素。

第一，完善大学生创新创业教育体系，加强课程结构建设，将理论与实践有机地结合在一起。除了传授书本上的知识，也要为同学们提供相关的社会实践机会，增强同学们的实践能力、交际能力和抗挫折能力。大学生创新创业的实践活动能够更好地让同学们亲身体会在创新创业过程中所遇到的问题，还能够尝试自己解决，在实践中收获和成长，不断地积累经验。

第二，加强教师团队的建设。目前许多高校内并没有专业的老师来讲大学生创新创业这门课程，大多数都是辅导员老师经过简单的培训直接为同学们授课，故而缺少实践经验，高校应该选派鼓励部分教师参加到创新创业的活动中去，用亲身感受来为同学们讲述。同时，学校还应该邀请大学生创新创业方面的专家提供专业的指导，定期开展讲座，提供与创业成功者交流的机会，听取他们的建议，寻求创新创业过程中遇到的疑惑的答案，这样便可以在创新创业的过程中凭着最便捷的道路取得成功。高校应该做到以素质教育为依托，加强大学生的心理素质教育。以政府补助为契机，为学生提供物质的帮扶。以经验交流为载体，加强学生的基础知识积累。

第三，第一时间提供大学生创新创业新资讯，紧跟时代发展。对于大学生创新创业，各地方政府跟随国家的政策相应地制定了一些帮扶政策，由于不是所有大学生都能够主动地去寻求信息，这些支持优惠往往会被忽视，这就需要高校将国家和政府的支持政策及时地传达到每一位同学，提升大学生创新创业的意向。可以在学校内由学校负责、老师通知各学院班级，将信息传达到每个人。

（二）大学生的能力对创新创业意向的影响

大学生自身的能力对创新创业的意向也有着很大影响，为使其成为积极的影响因素，大学生应做到以下努力。

1.提升自身素质

（1）创新创业是一个复杂的过程，仅有创新创业的意愿是不够的，还需要积极主动地学习相关知识、了解国家对创新创业的帮扶政策，梳理创新创业的思路，在明确了创新创业的目的和思路后，做好以上的准备，其中最主要的一点就是要进一步提升自身的素质，提高从业能力。充分利用自身的才能、技术，借助学校的帮助，寻找合作伙伴和资金入股。想要在创新创业的过程中少些坎坷，这就需要学生本人具备过硬的素质，才能够正面地处理创新创业过程中遇到的一些问题。

（2）在注重专业的学习之外，可以通过参加创新创业讲座、网络查找资源等途径了解市场需求，掌握国家宏观调控，夯实创业的理论基础。注重独立思维能力的养成，善于多方面观察问题，对于创新创业过程中可能遇到的问题加以预测并分析解决办法，养成自己创新创业的勇气和不畏艰苦的意志。时刻关注市场导向，加强对于形势的分析，保持高度的警觉，看准创新创业的机会，准确判断。

（3）在创新创业的过程中，团队精神必不可少。创新创业不等于独立活动，而是需要团结协作，多方扶持。这就需要大学生通过沟通平台寻找和自己志趣相投的人，多交朋友，收集更丰富的信息，将所学所想沟通分享，大胆地运用到实际创新创业当中，勇于实践，善于总结与反思。遇到问题时，团队间集思广益，在交流过程中，尊重合作伙伴，细心聆听他人的意见或建议，从中发现自身的不足，借以改正，不断地修正创新创业的计划，让计划更具可行性。

2.把握项目定位

在项目定位上，大学生应该结合当地的实际情况，结合政府和学校的政策选取创新创业项目，根据专业人士的指导和建议理智地选择合适的创新创业项目，对创新创业项目进行有效、客观的评价，让创业计划更有科学性和可实践性。大学生是高素质的群体，在其创新创业过程中更应该体现出特有的能力，注意扬长避短，发挥大学生科技和革新的优势。一般而言，大学生在高新技术企业有更大的优势，但是并不代表所有的大学生都适合这种模式。

第三节　创新创业教育对高校大学生创新创业素质的影响

一、高校大学生创新创业素质的认知

随着教改活动的深入开展，高校的教育体系出现了多种变动，引入了一些全新的课程，切实丰富了大学生的课程系统。多样化的教育活动可以满足大学生的不同学习需求，既注重提升学生的专业化能力，同时也让学生的实践能力有效提升。为了使大学生可以拥有更多的就业选择，将创业课程引入高校常规课程体系之中，使大学生对创业活动有所了解的同时还能有效使学生形成创新意识。

（一）高校大学生创新创业素质的培养模式

1. 互联网培养模式

在现今互联网时代，创新创业素质培养活动也必须与互联网技术产生联系，应用互联网系统，大学生可以获取更为多样的创业资源。在配置与利用创业资源的同时，学生也会逐渐学会思考，形成创新思维。在互联网技术支持的培养模式之下，教师的教育平台也被改变，网络教学平台可以使教学活动以更为便捷的方式展开，使教师的创业教学资源变得更丰富。另外，在网络技术的援助下，不仅教师可以给学生开设相应的课程，同时一些成功企业家以及就业指导专家也可以在网络中开展专题性的就业与创业讲座活动，帮助学生解决创业中的困惑。

2. 团队培养模式

团队培养模式是高校中应用频率最高的创业模式。由教师与学生共同组建创业团队，其应用风险比较小，因为有教师作为团队的领导者，学生可以拓展人际关系及创业资源，教师还可以随时解决学生创业过程中遇到的困难，这种创业模式比较适合刚刚接触创业活动的低年级大学生。

3."四位一体"培养模式

"四位一体"创新创业模式是指以高校大学生为主体，以相关政府部门、高校的创新创业部门、科研单位、金融机构及大学生创业园区为依托，培养高校大学生的创新创业能力，实现"大众创业、万众创新"。在"四位一体"创新创业模式下，政府部门、高校、科研单位、相关的金融机构以及大学生创业园区共同参与，相关政府部门积极政策扶持、高校和科研单位保障行业领域内技术的与时俱进。

（二）高校大学生创新创业素质的提升路径

大学生创新创业素质能否提高关系到创新创业教育的开展情况，也关系到创新型国家的发展进程。因此，要着力提升大学生创新创业素质，具体路径如下。

1.提升学生意志品质

意志品质是指构成人的意志的诸多因素的总和，主要包括独立性（自觉性）、果断性、自制性和坚持性（坚韧性）。不断培养大学生的意志品质，对大学生进行挫折教育，学会在失败中学习，在失败中奋起，在失败中成熟，这是为创新创业提供坚强的意志保障。在实践教学活动时，教师可以让大学生学习创新创业成功者们的艰苦奋斗历程，通过这些实例来启发学生，对大学生的创新创业活动起到一定的榜样示范作用，以便在创新创业活动中面对实际挫折时能有较好的心理承受能力和解决问题的能力。

2.增强学生法制观念

良好的法制意识对于大学生实现创新创业的成功具有重要意义。高校思想政治教育历来重视对大学生法制观念的培养，开设了专门的法律基础课程。因此，高校在开展大学生创新创业教育时，可以把思想政治教育中的法制教育与创新创业教育结合起来，以此来规范大学生的创新创业行为。在教学时，可针对创新创业教学中出现的具体问题找出相应的法律法规，这样既提高了创新创业的实效性，也使大学生具备了丰富的法律知识，增强了大学生的创新创业法制意识。大学生在遵纪守法的同时，也能够利用法律手段来维护自身权利。

3. 激发学生创新创业意识

创新创业意识是当前大学生必须具备的一项重要的个人素质。大学生作为社会上教育程度较高、思维活跃、接受新事物能力强，富有创造性和创新精神的特殊群体。强烈的创新创业意识能够促使大学生选取适合自己的创新创业目标并制订切实有效的创新创业行动计划。因此，在创新创业教育中需要思想政治教育的正确引导，引导大学生正确认识自己，激发大学生的创新创业意识，不断强化大学生的主体意识，挖掘自我潜能，有坚定的意志去克服创新创业道路上遇到的各种困难。

4. 培养学生创新创业精神

创新创业精神是我国近年来大力发展创新创业教育过程中，要求大学生必须具备的一种精神。此外，从创新精神和创业精神的内容中，可总结出，创新创业精神主要包括创新创业者的自主、自立、自信、自强等。自主是指大学生在不受传统和世俗偏见束缚的前提下所具有的独立人格和独立思考问题的能力，自己选择自己的人生道路。自立是指大学生要依靠自己的努力和智慧独立去选择自己的人生道路，独立去进行创新创业活动。自信是指大学生要有积极的人生态度和进取拼搏的精神，自己相信自己能够通过努力取得成功，有坚定信念相信自己可以成功开展创新创业活动。自强是建立在自信的基础上，不甘于平淡，敢于投身到创新创业实践活动中去，勇于使自己成为生活与事业的强者，实现创新创业的成功。

5. 提高学生创新创业能力

大学生创新创业能力的培育和发展始终与创新创业的实践活动和社会实

践相结合。通过创新创业教育，大学生要掌握创新创业的基本技能，了解并懂得与创新创业有关的国家政策和法律法规，同时还要具有一定的社会实践能力。除了培养良好的创新思维能力、提高组织协调能力和沟通合作能力外，重要的一点是增强实践能力。创新创业教育的实践能力是创新创业思维能力、社会沟通与合作能力等创新创业能力在创新创业实践过程中的综合体现。可以通过组织学生社团、开展校园文化活动或提供创新创业实践基地，主动让大学生去体验创新创业活动，来提升大学生的实践能力。

总而言之，大学生创新创业素质的提升离不开对大学生创新创业意识、创新创业精神、创新创业品质、创新创业法制观念以及创新创业实践能力的培养与提高。这都需要学生从自身出发，把所学知识内化于心，在实践学习中外化于行。

二、素质教育对高校大学生创新创业的影响

素质教育的本质就是一种教育模式，目的就是实现受教育者综合素质的全面提升。相对于传统的教育而言，它作为一种崭新的教育模式，更加强调个体的综合素养和全面发展，像是思想道德素养、能力以及个性和身心的健康等都是素质教育的内容。素质教育相对于应试教育而言并非完全对立的概念。尤其是我国步入改革开放以来，一直把全民素养的综合提升作为一项根本性的任务，而素质教育则是践行上述目标的有效途径之一。

素质教育主要包括两个层面的内容，分别是基础层面的和发展层面，具体来说就是国民素质教育和专门人才素质教育。

素质教育和传授知识的教育以及培养能力的教育有所差异，但是要想真正成为高素质的、符合社会需求的人才，就必须不断地优化知识结构，完善能力结构。如此，素质教育归根结底就是通过教学这种手段，依托知识的传授和能力的培养这两个特殊载体，实现学生综合素养的培养和提升。因此，要想真正实现素质教育理念，就必须科学处理知识、能力和素质三者之间的

关系，实现它们的协调发展，这也直接关系到能否真正实现素质教育。

素质教育的全面实施，主要目的就是实现基础教育的返璞归真，尽快回归基础教育的源头，回归自身，实现重新定位，重新找回自身的本质属性和其应有的基本特征。这样的话，其涵盖的内容自然也是多方面的，包括创造能力的培养、自学能力的培养、社会责任的教育、世界观和人生观的教育、劳动观念的教育、终身学习的教育以及审美观念和能力的培养等，而其中最为关键的就是创造性能力的培养，对于大学生而言，在素质教育的宏观背景下，切实做好创新创业能力的培养具有至关重要的作用和积极的影响。总体而言，主要有以下影响。

（一）教育环境的影响

创新创业能力的习得、培养以及提升并非朝夕就能够实现的事情，而创新创业教育本身就是一项系统性的工程，是否具有良好的环境作为保证对能否得到顺利实施是至关重要的。但是，从走访了解的实际情况来看，目前的高校虽然已经意识到创新创业能力是新时代人才必须具备的基本素养，但是真正能够为其提供理想环境的并不多，具体问题就在于创新型的师资力量严重匮乏、教师对于创新活动的指导有限，而且经费也不足，无法顺利实现理论知识和实践活动的有机结合等。

（二）理念意识的影响

理念是行动的先导。要想真正实现素质教育宏观背景下，大学生创新创业能力的培养就必须有先进的理念为指导。然而，目前高等院校依然将对于人才培养的重点放在知识和技能的获取等层面，尚且没有真正意识到创新创业能力的培养不仅应该是学校教育的内容，而且应该被作为一项重要的内容渗透到日常的教育教学活动中去。因此，创新创业能力的培养就在很大程度上受到了影响和制约。

（三）课程设置的制约

相对于传统的专业知识教育而言，创新创业能力的教育活动还是表现出了一定独特性的，如果依然沿用传统教学方式的话，恐怕很难真正达成预期目的和良好效果。目前，很多高等院校虽然进行了创新创业的相关课程设置，但是比较单一，开展的形式多是讲座，缺乏规划，也不具备系统性，针对性也不强。尤其就是对于创新创业能力的教育活动和培训活动是非常匮乏的，而且在课程的设置和实施等层面并没有结合本专业的培养计划，缺乏特色。

三、创新创业教育对高校大学生素质培养的影响

（一）内部影响

事物的发展具有双面性，大学生创新创业素质教育的过程也遵循这一哲学规律。在校学生的知识结构、心理健康状态、个人素质和创新创业能力等众多方面都制约着高校学生展现创新创业教育的成果。

第一，在知识结构层次方面，很多学生在目标市场定位和组合销售等方面的知识储备比较缺乏，理论的缺失将直接影响实践能力，很多学生虽然有浅显的知识，但缺乏实践和前期经营经验，对市场营销的认识不足，使高校对大学生的培养事倍功半。

第二，在心理健康状态方面，很多学生没有足够的心理准备，对很多事情都无法正确看待和处理。

第三，在学生个人认知层面，大学生对创业的认识停留在空想层面，没有比较缜密的可实践性思路和计划。

第四，在创新创业实践能力层面，很多学生缺乏实践经验，虽然拥有一定的理论基础，但实践和理论存在差距，缺少实践的辅助，学生的综合能力不足。由此，众多因素都会影响学生的创新创业素质教育的效果。

（二）外部影响

对当前的实际情况进行分析可以发现，很多因素都会影响创新创业素质教育的培养结果，如家庭、社会、学校以及大学生自身条件。例如，在社会

中，稳定的工作依旧被众多大学生所追捧，这就说明社会对于创新创业的认可程度有限。创新创业的环境对学生有一定限制，风气还需要得到进一步提升。在实践过程中，创新创业没有统一的投资市场，一般的创新创业还是地方政府和资本的独立行为，不利于创新创业发展。另外，从学校层面，大学的教育仍然存在明显的不足，学校在课程构建上更多地会关注学生管理企业的硬件能力，而缺乏对学生创新创业梦想的鼓励，这种文化方向的缺乏会在很大程度上影响创新创业教育的效果；在创新创业实践基地方面，当前的实践过程仍然比较关注基础，重视培训学生的技能，但技能课程的内容没有特色，无法满足当前中国经济结构的新形式需要，而且当前创业社团和群体的模式也比较单一，根本无法满足创新创业的培养需求，对学生的创新创业发展有很大的局限性。

第三章
高校大学生创新创业教育的人才培养

第一节　高校创新创业教育人才培养的基本理论

一、创造力理论与三螺旋理论

（一）创造力理论

人类有一种能力叫创造力。创造力不仅是让人更新思想和创造新事物的能力，也是人心理路程变化的过程。随着变化逐步完善各种创造内容，其中包括有发现新方式以及新的科技或者新物品等，这些发现都是创造力的体现。创造力对比其他方面的能力有一个明显特点，即独特性以及新颖性。除此之外，创造力还存在其他判断方式，如对社会发展是否有用、对个人或人类是否有帮助等。个体的创造力是一种外部行为，这种外部行为具有发散思维，在学术界有其特定的定义。创造力的产生主要依靠以下三个方面。

（1）知识。知识是创造力产生的基本，无论是何种创造力，所依托的都是不断增长的知识，没有知识，创造力便不能实现。

（2）智力。创造性思想的重心是智力，通常提到的智力是人类或者动物等普遍的精神才智，是一种处理问题的能力。这种能力的运用通常需要人们深入认识事物的本质，再根据大脑中预存的知识以及阅历处理问题。如何理解问题，根据问题判断以及处理相关问题——回答这些疑问可以提高个人的思索能力以及学习表述能力。

（3）品质。品质包含毅力、恒心以及涵养等内容。品质是个人在一定环境下，通过各种社会活动以及实践进程体现创造品质，也是个体在涵养以及毅力等方面的一种体现。拥有优良的涵养、素质以及毅力等能力，才可以发挥出个体的主观能动性。

目前，很多高校课程主要侧重的是根据创造力再延伸出其他方面，让大学生对于创业教育有了更加深刻的认识，也是创业教育改革的一个基础。

（二）三螺旋理论及其应用

美国遗传学家里查德·列万廷最先使用三螺旋来模式化基因、组织和环境之间的关系，在《三螺旋：基因、生物体和环境》中，总结了他的生物哲学思想。他指出，并不存在一个既定的"生态空间"等待生物体去适应。环境离开了生物体是不存在的，生物体不仅适应环境，而且选择、创造和改变它们的生存环境，这种能力写入了基因。因此，基因、生物体和环境的关系，是一种"辨证的关系"，这三者就像三条螺旋缠绕在一起，都同时是因和果。基因和环境都是生物体的因，而生物体又是环境的因，因此基因以生物体为中介，又成了环境的因。

三螺旋理论及其理论主要是针对政府、高校以及企业三者之间相互沟通和协作。三螺旋理论认为三者之间的联系与沟通是逐渐紧密，也是相辅相成、一同进步的关系，这种关系对于社会发展具有很大的积极作用。

企业、政府、高校之间互相影响。首先，各大高校要更好地筹划教育教学规划，需要从政府发展以及企业管理和经济发展方面确定教学方向，只有切合整体发展的教育，才能让整个社会不断前进。其次，学校的科研成就可以通过多元化在各方向同时得利。通过这样的模式，可以保证三者共同发展、相互促进。再次，高校的各种创造发明、研究发现，能够让企业发展更加快速，也是企业要更好发展必须有高校支撑的原因。最后，企业要达到利润增长，需要各大高校的各种科技成果以及研究，使市场更加活跃，例如，良好的经营管理以及优良的营销人员和营销能力等；另外，企业的发展是高校以及政府发展等的有力支撑，能够为高校以及政府带来更多资源，让高校科研不出现断层情况。

政府、企业以及高校三者之间相互交融、相互推动，为国家发展起到拉动作用。在我国，政府通过宏观调控，行政机关通过调节等方式协助各大高校和企业发展齐头并进。如果两者之间有经济和社会困难等，政府机关可以进行解决。

根据以上情况，政府、企业以及高校三者之间是相辅相成的关系。各大高校以提高学生创造力为基础，开展各种创新创业教学；企业是提供学生自主创业的辅助设备或者辅助资金；政府则起到中介作用，维持企业与各大高校的整体平衡。政府根据社会经济发展，更新各种政策性信息，也是让企业和各大高校更加和谐的要点。政府、企业和高校发挥所长，相互沟通与合作，逐渐演变成新型螺旋体。

二、"创新人"假设

"创新人"假设是德鲁克于 20 世纪 90 年代提出来的一种关于人性假设的全新的理论。德鲁克认为，提高企业的整体创新水平和成员的创新能力是一个现代管理者变革成为领导者的关键。创新人假设的主要内容大体上包括以下方面：

（1）马斯洛需求层次理论表明，人的需求层次是不断上升的，是一个由低层次逐渐向高层次递进的升华过程，自我实现是人的最高需求层次，这里的自我实现便是实现自我创新、自我突破。

（2）知识经济时代的到来要求人们不断实现创新来提高自我的创新能力，从而更好地在事业上做出成绩，更好更快地适应当今社会的快速发展。自我激励、自我控制是个体实现持续创新最根本的途径。从企业角度出发，营造一种积极、平等、自由而又民主的生活氛围，使得成员在这样的氛围中能够更好地实现自我创新，是一个企业可持续发展的关键。管理者应该采取多种激励方法和手段鼓励员工在保持个人目标与组织目标一致的前提下，最大程度上实现自我创新和自我价值，从而能够更好地完成企业目标，实现组织利益最大化。

总而言之，"创新人"假设可以延伸的是个体自身具有的追求创新和变革的内在需求，为高校培养创新创业人才提供了强大的动力。

三、协同创新理论与"2011"计划

（一）协同创新理论

协同创新就是一种以知识增值为核心的创新机制，是组织内部形成的一种关于技术、知识、能力等方面的分享机制，是为了最大程度上取得重大科技成果创新而由政府、企业和高校等主体建立起来的大跨度整合的创新组织模式，是指对创新要素和资源进行集中整合，从而能够打破各个创新主体间的隔阂并实现彼此间关于信息、资本、人才、技术等方面的深入合作。在协同创新的机制下每个相对独立的创新主体拥有着共同的奋斗目标，通过多种方式进行沟通协作，并依靠"现代化信息技术"去搭建一个资源共享的平台。

随着全球经济的快速发展，科学技术的不断进步造成不同的学科间以及科学技术和社会经济间的联系越来越密切，导致科学技术的创新和发展的增长点逐渐转变为"交叉学科"。基于复合学科的"联合创作"是当今知识信息时代最需要的创新。开展"协同创新"有利于我国在全面把握当今全球范围内科学技术创新的新趋势的基础上更有效地、更充分地发挥每个创新要素的"综合效应"，从而实现创新资源的优化配置。总而言之，协同创新机制为我国高校新时期顺利开展创新创业教育提供了最基础的理论指导，协同创新对我国高等学校开展创新创业教育具有现实意义。

"协同创新"从整体上来讲是一项比较复杂的创新组织模式。它的关键在于构建一个恰当的机制和制度安排，要形成一种多元主体参与的协同创新、良性互动的创新模式。在这种创新模式下，高校和企业组织以及研究机构是核心要素，政府和金融机构以及中介组织等"实践平台"或者说非营利性组织是辅助要素，这些"知识创造主体"和"技术创新主体"双方彼此纵向合作并对资源进行某种整合，一种"系统叠加"的非线性效用就会随之出

现。发展"协同创新"需要大力发展科学技术，不断提出创新办法和思路，建立一个分工明确、权责明确的实践平台，不断推动科技创新，从而不断增强综合竞争力，在创新实践中不断取得"新技术""新知识"以及"新工艺"等方面的科研成绩。

大体上，协同创新理论一方面体现的是整体性。协同创新强调要充分发挥每个创新要素的"综合效应"，从而实现创新资源的优化配置，由此可知，它需要的并不是各要素的简单相加而是各要素之间的紧密结合；协同创新存在的方式、目标以及其功能均体现了"统一的整体性"。另一方面体现的是动态性。"协同创新"从整体上来讲是一项比较复杂的创新组织模式，而这个模式要求形成一种多元主体参与的协同创新、良性互动的创新模式，高校和科研机构等"知识创造主体"和企业等"技术创新主体"双方彼此深入合作，进行资源整合。这个过程必然是动态的，不断变化的。

（二）2011 计划

所谓的"2011 计划"是"高等学校创新能力提升计划"的简称，这个周期为四年的计划于 2012 年正式启动实施，以构建协同创新模式，推动我国高校与政府以及企业的合作，营造一种协同创新的氛围为目标，建立一批"2011 协同创新中心"。2011 计划要求国内各高校要以"国家急需、世界一流"作为终极发展目标；争取以协同创新来引领当今知识经济新时代的方向，从而提升高校的整体创新能力；让高校能够处在国内教育事业发展的战略高度上努力提升自身"科技、人才与课程"三位一体的创新能力。而我国高等教育作为创新创业人才的摇篮，发挥其在社会创新发展进程中的重要作用十分关键。

总而言之，2011 计划协同创新模式是以推动我国高校与政府以及企业的合作，营造一种协同创新的氛围为目标的创新模式，同时也是一种面向学科前沿、社会发展的创新模式，是借助科学研究和课程发展以及创新创业者训练密切联系的方法，从而实现提高高校毕业生创新创业能力和培养高校高质量创新创业人才的目标。

四、个性化教育理论和人的全面发展理论

（一）个性化教育理论

当今社会是一个崇尚尊重注重发展个性的新社会，"个性化教育"是新时代下的产物，顺应时代发展的潮流，已经成为当前知识经济时代背景下世界教育改革的主要趋势，引发了世界范围内的教育改革思潮。世界上大多数的国家都认为"个性化教育"是一个国家教育迈向现代化的重大标志，引领当今教育领域改革方向，而个性化教育理论主要强调的便是教育主体的多元化以及个性化。所谓差异化和个性化就是指每个人都会因为自身生理或心理因素，如遗传特征、生活环境、教育环境等，而存在差异。个性化教育最大的特点就是它承认受教者在各个方面存在差异，这种差异集中体现在个体在心理、生理以及社会背景等各个方面所存在的差异。在此基础上，个性化教育理论会根据这种差异为个体制定特订的适合受教人自身特点的发展方案，从而让个体能够更快更好地适应新的有针对性的教育模式，继而促进个体的全面发展。

总之，个性化教育理论就是在承认个体因智力等生理方面和成长环境等心理方面存在差异的前提下，既能有教无类，也能因材施教，从而使每个个体的个性充分发展，继而都能得到全面发展。比如我国的高等院校就是这样。同样的，在进行创业教育实践的过程中也应该留意这种差异。这种教育理论它自身强调或者说是重视高校不同学生所表现的特性，认为要想充分发挥高校及其学生自身优势资源、突破传统的教育模式的僵化，从而使学生的个性得到充分发挥，最终实现自身的全面发展来更好更快地适应信息经济时代的要求。依托个性教育理论，要以个体个性为出发点，立足现实情况，有针对性地设计适合个体的发展方案，具体包括教育的模式、内容、目标等。

（二）人的全面发展理论

人和全面发展是指人的劳动能力、智力、体力的全面发展，还包括人的先天和后天的各种才能、志趣、道德和审美能力的充分发展。马克思关于人的全面发展的理论强调，一个人要想成为自由发展的人就要充分地发挥自身全部的能力和资源，从而达到人类的特性和社会性以及个体个性的协调发展。

鉴于马克思的全面发展理论，我国教育界所理解的"人的全面发展"有两方面内容：一方面，所谓全面发展一般是指一个人的德、智、体、美、劳五个部分的均匀平衡发展，是脑力劳动和体力劳动的完美结合；另一方面，是指每个个体各方面的能力和才华都能够最大限度地充分发展。而我国传统的教育模式最大的缺点就是填鸭式教学方法：单方面地向学生输送各类知识，把学生当作没有自我判断力、自我思考能力以及思想情感的机器。这种教育模式是典型的忽视学生自我发展能力，挤占学生自我发展空间的错误方式，这种模式往小方面讲无疑会对学生的全面发展产生消极影响，阻碍学生自我潜力的发挥和创新能力的提高；往大的方面说则是与当代社会需要大量创新型多面性人才的现实情况背道而驰的。

个性化教育理论认为每个个体都是不一样的存在，总会有各种差异，所以它强调的是在教育过程中要格外注重个体特性和潜能的充分发展。而"全面发展教育"是比较注重学生的整体素质的发展，在学生掌握扎实的理论学习的基础上通过各种各样的活动形式去营造一种良好的学习、发展环境，从而使得学生自身能够在社会实践中学以致用，更好更快地适应现代社会对多功能人才和复合型人才的需求，为每个学生的全面发展、充分发展提供可能。全面发展的教育模式遵循了学生自身身心发展规律，能够最大程度上实现学生的全面发展，使其能够更好地适应当今知识经济时代对全能型人才的需求，使广大学生成为现实社会需要的"会生存、善学习、勇创新"的复合型人才。

事实上，"个性化教育"和"全面发展"这两种教育理论是相辅相成的关系：二者既有相通之处，又有各自的独特之处。比如个性化教育理论主要强调的是个体个性的发展，从这方面讲它是全面发展教育理论的一个方面，是一种更精细化、更高层次的全面发展表现形式；而全面发展教育理论则更注重个体全面、整体、全方位的发展。二者并不相互排斥，而是共性与个性、你中有我我中有你的渗透或结合的关系。只有将"个性化教育"和"全面教育"紧密结合起来，个体的个性发展和全面发展才有可能实现。

第二节　大学生创新思维与创新能力的培养

在大脑中负责记忆的海马体被连接到两个被称为"杏仁核"的神经元小球上。如果出现熟悉的事物，海马体就会迅速地被激活。但如果是新鲜的事物，海马体就很难找到与之匹配的记忆，它就会把这种事物鉴定为不熟悉，然后向杏仁核发出信号，我们就会感到抵触和反感。这是人们接受事物的生理学基础，也是人们的一种本能。

一、大学生创新思维的培养

（一）思维的基本特征

思维是人脑对客观事物概括的、间接的反应过程。思维过程是我们认识活动的高级阶段；也是人们对客观事物的反映，来源于客观世界；反映出客观事物的一般性和规律性的联系。在人们的日常生活中，我们时刻都离不开思维，用它学习知识、解决问题；辨别真伪、识别美丑；探索新知，创造未来。思维具有以下三种特征：

（1）思维的概括性。思维的概括性是指在大量的感性材料基础上把一类事物共同的、本质的特征和规律抽取出来。其中，概括是人形成概念的前提，是思维活动能迅速迁移的基础。同时，概括会随人们认识水平的提高不断提高。事实上，人们对客观事物认识水平提高的同时也会对事物的概括水平有所提高。

（2）思维的间接性。思维的间接性是指人们借助于一定的媒介和知识经验对客观事物进行间接认识。例如，读万卷书，在阅读中即使你没有作者的经历也可以在头脑中进行加工，感受作者所表达的喜怒哀乐。正因如此，思维的间接性能使人们超越知觉提供的信息，认识那些没有直接作用人感官的事物和属性。

（3）思维是对经验、信息的再加工。思维活动往往与场景密不可分，经常由一定的问题情境引起，大脑试图通过对已有的知识经验进行重建、改组和更新，试图解决当下情境所面临的问题。

（二）创新思维的本质与类型

1. 创新思维的本质属性

创新思维是人类从事创造性活动的基础，是一切创造原理和创造技法的源泉，人类的一切成果无一不是创新思维的结果。创新思维实现了知识、信息的增殖，它广泛存在于科学史上的重大发明中，存在于政治、军事决策、生产、教育、艺术及科学研究活动中。因此，每个人都具有广义上的创新思维能力。

（1）创新思维是开创之道。创新思维是创造财富最便捷、最有效、收益率最高的活动。人类社会存在的目的是通过创造更多的财富，生产更多、更好的物质和精神产品，满足人们提高物质文化生活水平的需要。各国竞争本质上就是创造财富能力的竞争。

（2）创新思维是竞争要素。创新思维是一种社会精神与生存方式。当今社会，要在激烈的竞争中取胜，需要另辟蹊径，在大众化的思维中独树一帜，也就是依靠创新。所以，创新已经成为一种社会精神与生存方式。

（3）创新思维是创业源泉。创新思维是创业的源泉，一个成功的创业活动包含许多创新行为。创业的成败往往依赖于创新程度和创新质量。社会在发展，时代在前进，创业不能完全走别人走过的路，只有结合内外环境变化，进行适当创新才可能成功。

（4）创新思维是国家之要。古今中外的国家兴衰史表明，科技兴则民族兴，科技强则国家强。综合国力竞争，说到底是创新思维的竞争，要实现中华民族伟大复兴，最根本的是有创新思维的支撑，因为创新思维是增强国家竞争实力、实现中国梦的必然选择。

（5）创业思维是创意支撑。与众不同、另辟蹊径，是大学生创新创业的起点。因此，创意、创新、创业之间的关系才如此紧密地被联系在一起。创业成功，主观上离不开艰苦的努力、坚定的创业精神，客观上离不开创新思维的支撑。

2. 创新思维的主要类型

思维指在表象、概念等基础上进行分析、综合、判断、推理等认识活动的过程。方法由思维所派生，受到思维制约。

（1）联想思维。联想思维指充分利用现有资源，对毫无联系的事物进行联想，寻找共性，从而达到创新目的的思维方法。

（2）组合思维。组合思维是把已有的若干事物合并到一起，从而产生一个新事物的创新思维方法。主要分为两个类型：

第一，同物组合思维。同物组合是把两个功能相同的事物组合到一起的创新性思维方法。

第二，异类功能组合。异类功能组合是把两个功能不同的事物组合到一起的创新性思维方法。

（3）分解思维。分解思维是把一个原有事物拆分成多个事物的创新性思维方法。

（4）类比思维。类比思维是对两个事物的相同性、相似性或者相反性进行比较，通过异中求同或者同中求异产生创新性想法。主要分为以下类型：

第一，功能类比。把一个事物内在的独特性应用到其他事物上。例如，结核杆菌疫苗的发明是根据玉米苗引进后基因逐代弱化培养出来的，原本毒性很强的结核杆菌经过许多代之后毒性弱化，才可以被制作成疫苗。

第二，形式类比。把一个事物具体的外在特征应用到其他事物上。例如，英国近代史上著名的发明家瓦特，少年时观察火炉上的茶壶，当水烧开时，壶盖会跳动，从中发现蒸汽潜藏着巨大力量，发明了蒸汽机。

第三，幻想类比。即根据人们的虚构想象创造新事物。例如，法国科幻小说家儒勒·凡尔纳在作品《海底两万里》中，构思、设计一种能够长时间在海底活动的船。后来，海军研发部门根据他的设计原理，经过几十年的研究，制成现代潜水艇。

（5）借用思维。借用思维指借用其他事物实现预定目标的创新性思维方法。

（6）变通思维。变通思维指无法找到解决方案时，谋求从其他环节入手解决问题的思维方法。

（7）逆向思维。逆向思维指采取与常规思考方式完全不同的角度思考问题，这些角度往往与常规思维对立、相反，是一种反其道而行之的逆向角度。逆向思维往往能够打破常规模式和思维惯性的桎梏，开创出一片新天地。

（三）大学生创新思维的培养与训练

1. 创新思维培养的理念

问题是思维的起点，创新思维总是指向具体问题，包含解决问题的过程。因而，创新思维与问题解决之间有着密不可分的联系。创新思维的实现过程从对问题情境的分析开始，从思维的不同方面探索情境的各种结构因素，进而厘清结构因素之间的内部联系，再从不同层次的"为什么"进行发问，由浅及深，由表及里，层层深入，最终解决问题的实质。

创新能力的养成主要取决于两方面因素：①主观上有敢于创新、想创新的意识和愿望；②客观上有创新技巧和方法。创新意识的培养是一个长期的过程，可以通过以下途径增强创新意识：

（1）解放思想。已有的知识只是人类已经认识到某些客观事物的规律，并不是客观事物的全部。创新思维要打破陈规，敢于想象，发掘新的知识和规律。

（2）突破定式。不要按照已经形成习惯的固有思路或者仅凭过去经验进行思考，而是需要开辟新路，全方位思考。例如，什么东西具有黄、圆、酸的特征，从常规思维出发，通常先从味觉上判断，想到橄榄、杏子、橘子等自然生长、可以食用的物质。若能突破思维定式，可以想到人工制造的、可以食用的物质，如维生素、药丸等也具有黄、圆、酸的特征。

（3）克服从众。人类是习惯合作的群体，遵守游戏规则、见贤思齐、从善如流是必要的，但是创新需要改变，需要破旧立新，产生新的内容和特点。所以，在创新过程中要敢于怀疑、批判已有的事物，要有独立思考的意识。

2. 创新思维的训练方式

（1）逆向思维训练。逆向思维也叫反向思维、反转思维，是指从事物的反面去思考问题的思维方法，其特点是改变惯常思维方式，从相反方面来认识事物、思考问题。由于这种思维突破了人们考虑问题的思维方式，因而往往能够获得惯常思维所不能取得的成效。这种方法常常使问题获得创造性的解决。创新，有时候不是突如其来的天才想法，而是正确思维方法的必然结果。常用的逆向思维如下：

第一，结构逆向。比如，手机都是正向显示的。如果把画面翻转过来，这样把手机放在汽车仪表盘上，导航软件的画面反射到前挡风玻璃上，就成了正面，就不必低头看手机了。

第二，功能逆向。比如，保温瓶的功能是保热，"逆向思维"思考后——它可以保冷，于是就有了冰桶。

第三，状态逆向。比如，人走楼梯，是人动楼梯不动，如果把这个状态反转，人不动，楼梯动，于是就有了自动扶梯。

第四，原理逆向。电动吹风机的原理是用电制造空气的流动，方向是吹向物体，逆向利用这个原理，空气还是流动，但是方向相反，电动吸尘器诞生了。

第五，序位逆向。序位逆向，就是顺序和位置逆向。比如在动物园，是把动物关在笼子里，人走动观看。如果把这个状态反过来，人关在笼子里，动物满地走，于是就有了开车游览的野生动物园。

第六，方法逆向。比如，古代司马光砸缸救人说明了逆向思维的作用。通常从大水缸里取物、救人只可由缸口打捞，或者将水缸放倒，而不损坏水缸。司马光砸缸救人就是运用了逆向思维方法。

常见的逆向思维训练方式包括：①养成逆向思维的习惯；②养成验证思考的习惯；③养成总结的习惯。

（2）批判性思维训练。大学本科教育中，培养学生的批判性思维能力十分重要。批判性思维有助于发现问题、构想解决方案、全面思考、改变和调整；培养自身的创造力能够带来工作和生活中的创新；形成公共说理的理性社会。

常见的批判性思维训练方法包括：①发现和质疑基础假设，这是批判性思维的基础；②检查事实的准确性和逻辑一致性；③关注特殊背景和具体情况；④寻找其他可能性。

批判性思维的应用方法很多，常见的典型方法有：①理解论证所涉及的论题、关键概念、立场和观点；②辨别和分析论证的论点、主要理由及其逻辑关系，图解论证结构；③定义论证中的关键词，澄清主要论题的精确含义；④评估前提和理由的真实性或可接受性；⑤评价推理关系，审视它们的相关性和有效性；⑥挖掘和拷问论证中隐含的前提、假设、含义和后果；⑦反驳无效的论证及其谬误，追寻真理，建构替代论证，得出一个更全面和更合适的结论。

（3）全局之眼思维训练。世界上的所有东西，都是以"系统"的方式存在着。要素是系统中看得见的东西；关系是系统中看不见的、要素之间相互作用的规律。看到要素还要看到要素之间的关系，更要看到这些关系背后的规律，就叫"全局之眼"。理解了关系和关系背后的规律，不但能在复杂的系统中理解现在，甚至可以在一定程度上预测未来。所有的战略，都是站在未来的角度看今天。从"系统论"的角度学习用关联的、整体的、动态的方法，提升全局性看问题的能力。

第一，关联之眼。事物之间不是孤立存在的，它们彼此之间相互作用，这就叫关联性。要练习用关联之眼看清事物。

第二，整体之眼。要素，加上若干要素之间的关联，构成了系统，并形成"输入、黑盒、输出"三个物体。这个黑盒子内部就是在用人们理解或者不理解的方式精密进行运作。拥有全局之眼，需练习用整体之眼看透黑盒。

第三，动态之眼。一个系统的要素和要素之间的关联不是恒久不变的，增加时间的变量后就可以看见不同的场景。拥有全局之眼，需要练习用动态之眼看穿时间。

二、大学生创新能力的培养

（一）大学生创新能力的特点

大学生创新能力主要是指学生能够以自己独特的方法学习知识和思考问题，并创造出新的理论实践的成果。大学生创新能力指的是在学习过程中领悟、理解和产生教材没有直接提示的、超出教材和讲授范围的、对自身而言的新见解、新思想、新操作和新的解决问题的途径或办法，或是发现、发明新颖独特的事物的能力。大学生创新能力涉及一个人的多种能力，如认知能力、观察能力、记忆能力、判断能力、分析能力、想象能力、实验能力、自学能力、吸收知识的能力以及信息能力等，是一名大学生综合能力的具体体现。

面对知识经济和网络经济带来的各种挑战，今日的大学已不再是封闭的"象牙塔"，而是一个多元化的、开放的、展示个性的舞台。在外界环境和自身因素的作用下，大学生的创新能力表现出以下基本特征：

第一，主动性。表现为大学生主动地学习、参与各项科研创新活动，充分发挥自身的主观能动性。

第二，实践性。大学生创新能力的培养无论是培养的目的、途径，还是最终结果，都离不开实践。创新本身就是一种创造性的实践，必须坚持以实践作为检验和评价大学生创新能力的唯一标准。

第三，协作性。大学生的创新能力不只是跟他们的智力因素有关，个性品质中的协作特征作为非智力因素在很大程度上也影响着他们创新潜能的发挥。

第四，发展性。创新能力不是一成不变的，它是一种潜在的综合能力，受多种内外因素的影响。大学生正处于身心不断发展的阶段，其创新能力必然随着个体知识结构和思维方式的进步，以及更多深层次的实践活动而不断提升。

（二）大学生创新能力培养的内容

创新人才的培养是一个国家政治、经济和社会发展不可缺少的条件，离开人才的支撑，发展将失去动力。创新人才不是天生的，是高等教育的成果。高等学校作为培养高素质创新人才、实施知识传授和技术创新的基地，应责无旁贷地挑起培养具备高度创新能力的高素质人才的历史重任。当今世界各地的教育家一致认为，培养学生的创新能力是现代教育的首要目标，也是社会变革与进步的一个重要指标。根据人的创新能力的作用方向和实践领域的不同，人的创新能力可以分为以下方面。

1.理论创新能力

理论主要指从对事实的推测、演绎、抽象或综合而得出的一系列原理或概念。人类在理论上的创新，是指人结合社会发展和科技进步对已有的认识进行整合分析，对原来的认识进行修正，在研究新情况和总结新经验的基础上形成新的认识；是人在改造客观事物实践之前，在思维上对目标事物进行改造。

在理论领域上发挥人的创新能力，可以增强理论自身的说服力，对新实践中迫切需要解决的问题进行理论上的推演，可以增加实践成功的概率，节约各项成本，从而不断推进实践向前发展。

在许多情况下，理论是要先行实践的。不间断地拓展理论创新的空间，发现新真理，是实践发展的内在要求。实现理论创新向实践创新的转化，既是理论创新的最终目的，也是理论创新普及化的客观要求。就源头性而言，理论创新是知识创新、技术创新、制度创新和其他一切创新的基础和灵魂。理论创新会带动文化创新进而影响意识形态，有利于与时俱进地确立先进的执政理念，时刻掌握意识形态领域的话语权。理论创新对社会发展有直接的促进和指导作用。有什么样的理论，就有什么样的实践方向和相对效果。理论必须走在时代的前面，才能持续引领实践。

为了更好地进行理论创新，我们要转变思维方式，思维方式应从原来固有的封闭性思维转向开放的发散思维或逆向思维。思维方式的转变是理论创新突破的基础。任何一个理论都只有在其是一个开放的体系时，才具有包容力和成长力，否则理论就会封闭、退化。营造一个良好与宽松的环境，有助于人的理论创新成果的出现。

2. 知识创新能力

知识是客观事物的特征与联系在人脑中的主观映象。随着时代的发展，人们越来越认识到科学知识对人的重要性。科技生产力已经成为生产力、竞争力和经济发展的关键，成为创造性生产活动的驱动力。

知识创新能力体现了探索、发现和更新知识的能力，是知识生产力的先导。知识经济时代的本质表明了先进生产力的定向、定性和定位都应该体现在科学技术的更新上，因此，科技进步的强大生命力为经济发展的可持续性提供了可能，也使代表先进生产力的思想具有可操作性。

随着时代的变迁，知识的性质也在发生改变。它已经从客观的、可表述的知识变形为主观的、构建性的知识。这种改变客观的要求必须重视发挥知识创新能力，以应对时代变化提出的新要求。运用知识创新能力对落伍的知识进行更新，对传统知识进行升华，对急需知识进行填空，进而为人类社会进步提供动力。要提升知识创新能力，在当今知识日新月异的环境下必须不断补充和更新自己原有的知识，才能跟上时代的步伐，由此可见，终身学习已成为个体立身社会不可或缺的支撑点。

在知识经济时代，知识成为发展经济的主导力量，并已成为生产力的驱动因素和先导因素，而知识生产力向现实生产力转化的能力又取决于创新能力的高低。知识和能力是互相促进，互为依托的，没有知识的能力很难达到先进性层次，而不利用知识去进行创新是经不起考验的。知识是人脑创造的产物，同时又是人进行创造的原料、工具和基础，是人具有创造能力及其力量的源泉。整体上讲，发挥人的知识创新能力，其方向是将单一学科的知识点、知识线和知识面转向多学科交叉的知识环、知识链和知识圈。

3. 技术创新能力

技术创新是指技术上的改进和物的突破，也指在工具领域把某事物的功能作用从不可更改的变为可更改的。改进旧系统和创造新系统的技术创新与技术发明，是利用科学理论改造自然和造福人类的实践活动。科技知识只有外化和物化成为推动经济发展的新技术、新工艺、新服务与新产业，才能转化为现实的生产力，才能现实地成为影响社会发展的主导力量。

技术创新的重要意义无须多言，"科学技术是第一生产力"已成为深入人心的一句口号。从我国现实来看，我国解决社会基本矛盾需要大力发展生产力，因而，加大科技创新的力度是当务之急。从历史发展的角度看，技术创新让人的力量变得强大，使人拥有了征服自然的工具和能力，而且技术创新也极大地推动了人类社会的发展。科技进步可引发社会变革，甚至推动人类社会形态的前进，并改变世界格局，变成对精神发展创造必要前提的最强大的杠杆。

技术创新能力比起上述其他领域的创新能力更有据可循，它所使用的方法侧重于经验和试验，要求的是实用、经济、有效以及可行。在早期阶段，技术创新方法已经通过各项规范，变成可以通过课堂学习和现场见习等方式进行传授的技巧。随着技术的发展，技术创新方法进一步严密化、精确化和程序化，其中的大部分已经可以利用机器和公式来进行，避免了人的大量重复劳动，使人的智慧集中到更复杂、更高难度和创造性更强的关键问题的解决上，极大地提高了工作效率和成功率。

技术创新能力是最为显化的创新能力，也是终端的创新能力，故而技术创新能力被许多人在实践活动中直接等同于全部的创新能力。正确的态度应该是恰如其分地看待科学和技术上的创新。如果说科学技术是知识经济的生命线，那么，人及其所依存的社会文化形态则是科学技术的生命线，而先进的思想、高尚的情操以及坚强的意志等精神因素，就是社会文化形态的生命线了。所以，在知识经济时代，不能一条腿走路，技术层面的创新固然重要，但是必须和其他方面紧密结合起来，才能实现持久、快速、健康以及有序地发展科技、经济与社会。

4.方法创新能力

方法创新能力，是指对原有的方法、流程以及规划进行创新的能力，没有这种创新能力，理论创新便只能是永远落实不到位的空想战略。

方法创新要求人的理念向有利于创新的方向转化。在理念引导下，有正确目标，方法创新才能带来职能创新。创新本质上是一种对事物内在联系的新发现或是知识信息内在结构相关因素的重新组合，对智力资源的重新配置就需要人发挥方法创新能力，使创意想法可以变成有条不紊地实现的方法规划。方法属于实施前的准备工作，从这一点来看，方法本身就具有预见性、面向未来性和不确定性，同时，方法具有全局性和整体性的特点，故而，方法的制订对人的智力、信息综合、预知预见以及临机决断等能力要求很高。

方法的特点决定了制订方法时要灵活，具体情况具体分析。方法制订有时需要从大局进行战略性指导，因为情况总是在变化之中，太刻板、细化的方法不利于前瞻性和机动性的特点，这也决定了方法创新较之其他几类创新具有更大的难度。有时方法的制定在关键处需要细化，这样才能保证方法在实践中的还原度。

方法是连接理论创新与实践创新的桥梁，从个人的事业规划到集体的职能转变再到国家或民族的战略调整，这些都需要发挥方法创新能力，以便及时调整实践中的行动方案，做到应时迅变，从而使配置最优，避免事倍功半或南辕北辙的结局。为了更好地发挥方法创新能力，一方面要把握社会发展和理想目标的变化趋势，另一方面也要充实各类知识，以适应职责变动的需要。这一创新能力的运用要与逻辑思维能力相结合，以便将横向和纵向的线索进行整合排列，得到正确有效的方法与方案。

5. 制度创新能力

制度创新能力是对政治、经济、文化、科技以及人才等方面的管理总模式进行改革、创新和完善的能力。计划经济时代的体制，由于民主性、多元性、宽松性、自创性与交叉性不够，严重影响了人的创新能力的发挥，只有从制度上革新，才能为理论创新、方法创新、知识创新以及技术创新提供保障。

制度对社会的各要素及社会的运行都有着重要的制约与保障作用，社会发展的历史证明，只有进行制度创新，才能解放和发展生产力，从而促进社会进步。上层建筑和经济基础对生产力的反作用，决定了制度创新是理论创建的保障。只有创立有利于广大群众发挥创新能力的制度，才能实现整体和全局的创新局面。只有发挥制度创新能力，加强制度创新，使各方面达到配合一致，才能使社会健康发展。从制度创新能力的主体来看，制度创新能力发挥的主体不像上述创新能力那样具有广泛性，主要归属于政府部门和权力部门。

在创新过程中，创新以理论创新为先导，以方法创新为承接，以知识创新和技术创新为结果，以制度创新为保障，形成了一个有始有终、首尾相援、自我循环的良性体系。理论创新促进战略创新和知识创新，方法创新和知识创新为技术创新提供了可能。而知识和技术的创新发展到一定程度，必然促使理论和方法产生新的变化。这五个方面的创新能力相互作用和支撑，构成了人的创新能力的全貌。

（三）大学生创新能力培养的主体

随着高等教育规模的不断扩大，我国已经实现了高等教育大众化的历史目标。然而，随着知识经济的全球化发展，对人才的质量也提出了新的要求，不仅要有丰富宽厚的知识基础，更要具备创新的素质和能力。训练和培养高素质专业人才、拔尖创新人才已成为高等教育肩负的重要使命，是建设创新型国家、构建社会主义和谐社会的需要。因此，构建能够有效提升大学生创新能力的训练体系对于高校而言势在必行。

1. 院校

大学生创新能力的培养是涉及学校教学、科研、管理等诸多方面的一项系统工程。作为培养体系中主要的组织者和策划者，学校及其二级学院要给予充分的重视，院校领导和各部门要制定必要的政策、管理制度及激励机制并给予财力支持，形成强有力的组织保障，以确保这项工作的有效推进。因此，院校的主体作用主要体现在以下方面：

（1）正确地宣传引导。在培养大学生创新能力的过程中，要激发教师和学生的兴趣，调动师生的积极性。学校及其二级学院必须进行正确的宣传和引导，鼓励教师开展教学改革，鼓励学生参与到教师的科研工作中。

（2）组织实施。为规范有序地引导教师和学生加入创新实践中，推动大学生创新能力的培养，学校及其二级学院必须建立完善的规章制度，包括指导教师的奖励制度、参与学生的奖励制度以及项目实施办法等。依据规章制度，对项目全程实施进行有效的监督和管理。

（3）经费投入。大学生科技创新能力的培养需要学校及其二级学院的资金投入，包括教师科研经费、大学生科研项目经费、组织学生参加各种大赛所需经费、实验室及设备经费、材料经费等。

2. 教师

教师是培养体系中的主要执行者，尤其在培养大学生科技创新能力过程中具有主体地位。

（1）大学生创新创业实践项目需要教师的指导，包括项目选题、研究思路、研究方法、实施过程以及论文撰写。教师的科研水平及素质直接影响着学生的能力培养。

（2）教师可有效地将科研实践与教学融合在一起，将大学生实践成果展现在教学工作中，开展教学改革，完善教学手段，既能够提高教学质量，又能激发学生参与科研实践的兴趣，有利于培养大学生的创新能力。

3. 学生

大学生是训练体系中的培养对象和主要的受益者，其创新能力的培养可表现在以下方面：

（1）拓宽大学生的知识面，完善其知识结构并使其了解创新方面的知识，培养创新思维，激发大学生的灵感及探究欲望。

（2）由教师和学生共同营造一种探索性、创新性的学习环境，这不仅能够培养大学生的科研素质和科研能力，还能够提高其沟通能力、表达能力及团队协作能力。

（3）大学生在本科学习阶段学会将知识的创新、加工和传播融为一体，与未来的研究生教育相互渗透，为未来的发展奠定良好的基础。

4. 实验室

高校实验室是大学生创新能力培养的重要环节，是从事实验教学、科学研究和学术交流的重要场所，是传授知识、培养动手能力、培养科学精神、培养创新思维和创新能力的重要基地。教师和学生的教学、科研实践活动依赖于雄厚的实验室资源，包括良好的实验环境和氛围、先进的实验设备以及经验丰富的实验技术人员。

作为高校内部的重要机构，实验室提供各种材料与设备，使教师和学生能够利用先进的实验教学资源开展教学和科研工作，从而能够更好地掌握理论知识，并通过实践过程激发大学生的创新意识。因此，创新的源头在实验室，科技创新离不开实验室，实验室为锻炼大学生的动手能力和培养创新能力提供了良好的条件。在知识经济时代，高校实验室已经成为培养创新人才的重要基地。

（四）大学生创新能力培养体系

大学生创新能力的培养是一项复杂艰巨的系统工程教育，既需要具备扎实的基础知识，也需要一个循序渐进、有针对性的训练过程。因此，创新能力培养训练体系的构建必须贯彻于整个实践教学的全过程，从课堂教学到课外实践活动、从构建基础理论和专业知识体系到科研能力的培养，从而激发大学生的创新意识，训练大学生的创新思维，最终达到全面提升大学生创新能力的目的。因此，大学生创新能力培养训练体系的构建主要分为以下两个方面。

1.训练创新技能和创新思维方法

创新是一门社会科学与自然科学交叉的新兴学科，以培养和开发人的创新能力为核心。向学生传授创新思维方法和创新技能，从方法论上讲就是"授之以渔"，其实比传授知识的"授之以鱼"更重要。因此，可通过课堂教学和课外实践相结合的方式来激发学生的创新意识，使学生掌握创新的基本知识和基本技能。激发学生的创新意识是实施创新教育的基本前提。

（1）开展探究式教学，构建创新知识基础。创新，是继承基础上的创新，需要对前人的理论进行批判性继承，没有继承，创新便失去了根本，成为空谈，就像没有批判就不存在创新一样，人类总是在不断地自我否定中前进的。这就要求创新主体必须不断学习，要知其然，更要知其所以然，掌握扎实的基础知识，构建合理的知识结构。课程教学是大学生获取基础知识和专业理论知识的最基本途径，课堂成为启发大学生创新意识和培养大学生创新能力的主要场所。因此，要在以下三个方面进行改革，以适应大学生创新能力的发展，见表3-1。

表 3-1　课程教学的改革

改革措施	具体内容
转变教学观念	创新需要基础，而这个基础是否坚实，取决于学生是否会学习。因此，课堂教学改革目标应该变传授知识为帮助培养，并形成适合自己的学习方法。而教师首先要做的就是转变观念，在教学中运用先进的教育思想，为培养学生的创造能力提供一个自由发挥的舞台。改进教育教学模式是当代教育实现其自身发展的必然要求
完善教学内容	在教学中应以学科为基础，既要有合理的知识体系，又要引入学科最新的研究成果。可以适时地增加一些学科前沿知识和相关学科知识，做到寓教于创新，把科学研究的最新成果及时充实到教学内容中，将教师的科研工作与教学工作充分融合，使大学生在课堂和课程学习过程中了解最新科学发展动态，得到科研创新能力的训练，逐步成长为适应社会发展需求的创新人才
改进教学方法	为了提高课堂教学效果，可以在教学中最大限度地引导学生参与教学活动，使之由被动的吸收变为主动的探索，尊重和激发大学生的学习主动性。教师可采用案例式、问题式或探究式教学方法，引导学生自主发现问题、探索问题并解决问题。通过这样的教学方法，学生会得到思维方式的训练，提高获取知识的能力，进而提高大学生的创新能力

深厚的理论功底和文化储备是创新主体应有的基础条件，是创新活动中的力量源泉。掌握渊博的知识，具有深厚、丰富的文化底蕴，不仅可以开阔视野，打破学科之间的界限，激发创造性思维，还可以铸造人格，给人以超凡的智慧、才华和胆略，造就创新者的气度。

（2）启发式训练，培养创造性思维。创造性思维连接着学习和实践，人类的知识可以传承，实践方法可以学习，而创造性思维是无法教出来的，只能在实践中锻炼和培育，并存在于整个创新过程中。因此，可以通过启发式训练，营造良好的创新氛围，从而有利于大学生创新思维的形成与培养。

营造良好的创新氛围首先需要创新精神做主导，形成自由、和谐和民主的环境，使学生在这种氛围中能够充分展示个性，激发和培养创新精神。可以通过搭建由高校教师和学生共同参与的"博士论坛""学术沙龙"和"大学生科技节"等创新交流平台来营造创新文化氛围，唤醒学生的创新个性，加强创新知识与创新思维的形成。

博士论坛：由高校教师或博士介绍一些学术前沿相关进展、科研思路及实验技术方法，通过这个平台，教师与学生可以面对面交流，解答学生的问题和疑惑，学生不仅可以拓宽视野，了解课堂以外的前沿动态，还会被教授、博士的风采及严谨的科研精神所影响，激发其创新意识，培养其创新精神。

学术沙龙：通过教师与学生的共同参与，交流学术思想和见解，激发学生的创新意识，锻炼学生的创新思维，从而提高大学生的创新能力。学术沙龙为教师和学生提供了一个很好的平台，开展学术交流，充分发挥学生思维的多样性和创造性，使学生在学术交流中锻炼和培养创新思维及能力，学生的积极性和创造性得到充分的尊重和鼓励。

大学生科技节：通过开展各种形式的活动鼓励学生参与到科研实践和各种竞赛中，充分展示大学生的创新意识、创新思维和创新成果。通过这个过程使学生置身于探索创新的学术氛围中，进一步强化大学生的创新意识，训练并提高大学生的创新能力。

综上所述，创造性思维是大学生创新能力培养所需最重要的素质，通过调动已有的知识、能力和天赋，理性地看待现实，按照新的思维角度和思维方式实现对现有的观点和知识的超越和突破，进而产生新的观点、新的知识和新的方法，实现创新。

2. 开辟第二课堂，训练实践创新能力

掌握扎实的理论知识和丰厚的文化底蕴可以使大学生在实践中融会贯通，准确地找到创新的切入点。创新是一个厚积薄发的过程，如果说知识的储备和实践是厚积的过程，创造性思维则是薄发的时刻，是创新的实现形式。大学生在实践中发现问题、提出问题，是激发创新意识的基础。因此，通过组织课外实践活动等方式开辟第二课堂，丰富知识，拓宽视野，为学生提供实践创新的平台，培养大学生的创新实践能力。可以采取以下方式培养大学生的实践创新能力。

（1）社团活动。学生社团是培养大学生创新能力的重要平台。高校社团为学生提供了一个能自主学习和形成创造力的宽松环境，为培养和提高大学生创新能力打下了良好的基础，这是课堂教学无法替代的。大学生在课堂教学上的被动学习方式不利于创新素质的养成，只有在通过教学改革的同时，积极参与学生社团这样的第二课堂实践活动，才能够锻炼学生的观察力、想象力和创造性思维，构建独特的知识结构，从而开发和培养大学生的创新素质。高校社团活动为大学生提供了充分展示自我的平台，激发了学生创新精神和积极性。在这种环境与氛围中，大学生能够将理论知识与实践有机地融合在一起，这不仅有利于学生掌握和理解理论知识，还能够提高发现问题与解决问题的能力，并逐渐在实践活动中实现创新。

因此，高校对大学生创新能力的培养需要第一课堂的理论教学与第二课堂的实践教学的有机结合。而开展学生社团活动就是一种促进理论教学的创新实践活动。学生社团为大学生提供了参与实践活动的广阔舞台，使大学生在参与的过程中获得自我认知，提高自身能力，激发创新精神。根据国家提出的创新型人才的培养目标，高校不仅需要积极开展教学改革，更好地提高课堂理论教学的效果，还要充分利用学生社团这一重要的第二课堂资源，使其能够充分发挥培养和提高大学生创新能力的作用。

（2）社会实践。社会实践是学校根据高校教育培养目标，利用学生节假日等课余时间，有计划、有目的、有组织地让学生参与社会政治、经济和文化生活的体验型教育活动。组织学生参加社会实践，是对课堂教学的有益补充，对高校创新人才的培养具有重要的作用。21世纪是知识经济时代，其灵魂就是创新。随着经济的高速发展、社会的不断进步，国家需要大量的创新型人才。社会实践是形成创新意识和创造能力的能动过程，是推动大学生探索新事物、形成创新精神和创新思维的动力。高校是培养创新型人才的圣地，要充分利用社会实践活动培养出适应社会、为社会作出贡献的高素质创新人才。只有让大学生走出课堂步入社会，在实践中检验课堂上所学的理论知识，在实践中更好地认识自己、展示个性，在实践中培养创新能力，才能成为全面发展的创新型人才。

（3）开放实验室。目前高校普遍存在重知识、轻能力的倾向，大学生动手能力差，解决这个问题的方法就是开展实践教学，而实验室则是实现实践教学的主要场所。通过开放实验室，不仅可以使学生将课堂理论教学进行实践，从中发现问题，促进学生主动学习与思考，逐步形成创新思维。教师还可以将自己的科研项目开放，设立适合学生的相关实验项目，培养学生查阅文献、阅读资料的能力，锻炼学生的动手能力，提高学生的科研思维与创新能力。因此，通过开放实验室这一有效的实践教学活动，不仅能够提高实验室仪器设备的利用率，同时还可以锻炼学生的动手能力，促进大学生的创新意识、创新精神和科技创新能力的培养。

（4）训练科研意识。科学研究的过程是发现问题、解决问题的过程，涉及一个人各方面的能力，是综合能力的训练和提高的过程，因此，科学研究的过程是培养创新能力的重要途径之一。大学生的科研能力训练和创新能力培养是大学本科教学的核心环节，大学生要从参与教师的科研实践逐渐过渡到独立申请并开展科研项目，训练科研意识与综合能力，提高创新能力。

第一，独立开展科研，提升创新能力。学生从通过参与教师科研项目逐渐过渡到独立开展科研。目前，很多高校鼓励大学生申报各级、各类科研项目，设立大学生科研基金和各种奖励制度来激发学生从事科研训练的积极性。大学生通过申报科研项目，独立完成研究过程，并获得研究成果，既提高了科研水平和团队协作能力，也提升了创新能力。从事科研工作是具有挑战性的，能够独立完成科研工作的学生需要有锲而不舍、百折不挠的意志以及严谨踏实、实事求是的作风。因此，通过科研训练，有助于培养学生的社会责任感和科学事业心，培养良好的创新品质。

第二，参与教师科研，训练科研意识。近年来，在"高等学校大学生实践创新训练计划"的支持下，我国高校很多大学生积极参与到科学研究和技术开发等创新实践活动中。这些计划的主要目的是培养本科学生学习并自愿参与教师的科研工作，有利于发掘大学生的创新潜力、培养大学生的创新精神、提高大学生的创新能力。学生通过参与教师的科研项目，可以了解到学科的发展动态和前沿知识，有利于形成合理的知识结构，为培养大学生创新能力打下扎实的基础。此外，在教师的指导下开展科研活动，大学生不仅能够学到正确的研究方法，训练科研意识，还会受到指导教师潜移默化的影响，培养良好的科研素质，提高创新能力和综合实践能力。

综上所述，高校要完成培养创新人才的历史使命，一个重要的途径就是构建大学生创新能力培养的训练体系。创新能力的培养是艰苦、漫长的过程，必须注重教学活动过程中每一个环节，才能更好地发掘大学生的创新潜能。科学、有效、具有示范作用和推广价值的大学生创新能力培养的训练体系，是启迪创新意识、激发创新思维、提高创新技能，实现大学生创新能力培养的重要载体。

创新能力的培养是一项全方位、渐进性、高质量的系统工程。学生的创新能力培养是关系到未来可持续性发展的根本性问题，培养和造就富有创新能力的人才是时代赋予教育的神圣使命。因此，高校需打破招生规模较大、各类资源缺乏、专业类别局限等禁锢，构建科学、有效的训练体系，创造性地开展大学生创新能力的培养。

第三节 高校创新创业教育人才培养的多元路径

"在当今科技发展日新月异与国际形势变化莫测的时代背景下，大力弘扬工匠精神、培养更多高技能人才显得日益重要。高职院校肩负着培养技术技能人才的重任，更应该重视创新创业教育，使学生通过创新创业教育增强其自身综合能力。"❶

一、高校创新创业教育人才培养的师资队伍构建

创新创业师资队伍构建是创新创业人才培养的基础和保证。要组建合格的创新创业师资队伍，就需要制定明确的教师素质评价准则和教师能力评定标准，并采取有效的构建策略，为创新创业人才培养提供坚实的师资保障。

（一）师资队伍的素质要求

创新创业教育的教师所具备的素质应较普通高校教师更为广泛、多元与专门化。

（1）思想政治素质。作为一名从事创新创业教育工作的教师，首先要有正确的教育观，对学生应始终保持着高度的责任心，并且要树立坚持终身学习的思想观，只有教师保持了正确的价值观，才能在实际教学过程中引导学生树立正确的世界观、人生观和价值观，才更有可能培养出一批既拥有专业理论又有较强实践能力的高等技术应用型人才。

（2）教育教学能力。创新创业课程不同于其他课程，由于其实用性较

---

❶ 段炼，胡国安．新时代高职院校创新创业教育策略研究 [J]．湖南邮电职业技术学院学报，2022，21（2）：61．

强，要求教师在课堂上要尽可能地利用各种教学方法的优势，增加课堂理论教学和实践教学的密切度，提高课堂教学的效率，在课堂上有限的时间里向学生传递更多的有效信息和知识。教师的教育教学能力包括组织实践理论教学的能力，带领学生实践并在其中起到指导作用的能力，与学生能够进行良好沟通的能力，驾驭教材对教材熟读于心的能力，对课堂活动或教学的组织能力，进行授课时良好的沟通表达能力等。

（3）科研教育能力。科研教育能力对于创新创业教师是十分重要的能力。在日常的教学中应该重视教研活动的开展，重视理论知识的研究成果在当前高新技术的开发下具体生产实践中的应用，不断探索更加先进的教学方法，将理论研究成果尽快应用于实践，提高实践工作的效率，从而构建一个更加科学合理的学科知识体系。

（4）职业综合素质。创新创业教师的职业综合素质是指教师的身体、心理、人文和创新素质等。对于创新创业教师而言，职业综合素质非常重要，它在实际的创新创业教学过程中与各种专业技能操作紧密相关，换言之这是一种具有明显实用性的素质，是每一位教师不可缺少的一种素质。从事创新创业教育工作的教师本人应该重视自己职业综合素质的提高，深入认识其重要性，促进自身职业综合素质的提高。

（二）师资队伍构建方案

大学生创新创业师资队伍是开展创新创业教育的重要支柱，其构建必须按照高水平、高质量的标准去执行，这样才能建设出优秀的创新创业教育团队，更好地发展创新创业教育。由于创新创业教育具有实践性与理论性这两种特征，所以创新创业教师一般都是教师团队中的中坚力量。

（1）师资队伍建设的框架平台。对于创业师资的选拔与培养必须兼顾三方面的内容，分别为创业实践、创业理论、创业指导，所对应的师资也各有不同，分别为企业师资、专业师资、创业辅导员这三类。

（2）师资队伍选聘平台搭建。创新创业师资的选拔和招聘应从四个方面进行：①管理团队建设，建立专业与兼职相结合的高素质管理团队，可提供有力支持和保障；②选择专职教师，专职教师的选择是指选择和招聘的教师具备专业知识结构的创新和创业精神和熟悉教学规则，具有创新和创业精神，进行创新和创业教育的教学和研究；③教师分批培训，学校要把教师参与创新创业教育培训和取得资格证书作为教师上岗、站在平台上的必要资格条件；④选拔优秀教师，高校应积极聘请具有创新创业实践经验的兼职教师，进一步充实师资队伍，优化师资结构。

二、高校创新创业教育人才培养的课程体系构建

（一）课程体系构建的原则

1. 个性化培养原则

创新创业课程设置需要通过个性化培养与职业生涯管理，提高学生在本专业各方面的创新创业能力和就业竞争力，让其能够在社会上运用自己的创新创业能力开辟出属于自己的新天地。基于此，创新创业的课程体系构建不仅要符合当前社会经济发展的需求，而且要结合不同学生的实际情况实施个性化培养，帮助他们明确职业生涯规划。因此，高校的创新创业人才培养，必须以高校教育改革的要求为引导，实现学生的个性化成长，并让他们成为社会发展所需要的人才。

2. 课堂主体化原则

创新创业教育与专业教育的融合，很大程度上依托于课堂教学。课堂主体化这一原则要求创新创业教育课程体系在构建时，将专业课程的课堂教学放在主体地位，创新创业教育理念和内容作为融入其中的一部分，以专业课程教学的教学计划设置、教学内容、教学方法改革、教学管理建设等环节的方式体现出来。创新创业教育课程体系的构建应当将人文素养融入专业知识，将文理知识相结合，同时还要增加能够拓展学生知识面的内容，让他们了解更多的专业前沿知识和自己本专业的特色。

（二）课程设置

1. 理论课程设置

（1）基础理论课。创新创业教育中的基础理论课是学生了解创业基本知识的重要基础课程，主要内容是一些基本的创业理论，可以包括以下课程：

"创业学概论"是整个创新创业教育课程中最为基础的理论课程，可以称为创业的入门级课程，这一课程设置旨在让想要创业的大学生认识创业，明白应该怎样准备创业活动，以及在创业活动中需要用到哪些理论知识。

"创业基础论"以"创业学概论"内容为基础，并在此基础上安排了与创业相关的各种理论知识课程。这些创业基础理论知识课程旨在培养有创业意向学生的创业素质和一些基本能力，并通过讲解国内外成功创业者的实例，让学生吸取成功创业的经验，同时也能激发学生创业的激情。

"创业辅导"课程设置的主要目的是为学生传授一些对创业活动的理解和开展有辅助性作用的知识，包括创业活动的现实意义、未来发展趋势等。此外，"创业辅导"课程还会讲解一些创业活动中常见的行为和思维模式。

（2）专业理论课。创新创业教育专业理论课程设置旨在为创业学生详细讲解创业过程中所需要的各科知识，可以包括以下课程：

"创业案例研究"课程主要是讲解各行各业创业者的真实案例，让学生通过案例学习分析创业成功和失败的常见原因有哪些，从而明确创业活动中决定成败的关键环节和因素，进而不断改进自身创新创业素质和能力，避免重蹈覆辙。

"创业法律基础"课程的主要内容是一些关于创业的法律知识，通过对这些创业法律知识的学习，学生能够知法、懂法，明确创业活动的法律红线，同时也能使用法律武器保护自己的创业成果。

"市场营销学"课程设置的主要作用是帮助学生掌握市场的基本规律和特点，并运用市场营销的相关知识更好地开展创业活动。该课程的主要内容是分析市场环境、消费者市场行为，讲解面对不同市场环境，创业者应该如何选择营销策略，同时全面系统地阐述市场营销活动的基本程序和方法。总而言之，这门课程的终极目的就是帮助学生合理运用市场营销手段，获得市场份额。

"管理学"课程主要讲解企业管理的相关知识，之所以被安排在创新创业课程体系中是因为创业者在创业活动中需要这项管理能力。创业者可以通过对企业管理的学习，掌握计划、组织、管理、决策等能力，从而有条不紊地经营创业，并对市场也有一个理性正确的认知，进而抓住每一个机遇，以最小的成本获取最大的利润。

2. 活动课程设置

（1）集体活动课程。集体活动课程可以主要以由创业教育专家或者已经在行业中获得成就的成功创业者主持讲座的形式开展，让学生有机会获得与专家面对面交流的机会，这种课程设置有利于学生更有针对性地了解自己想知道的创业知识和经验，同时这种面对面的交流也更能让学生切身感受到创业者的精神和素养，从而加强自主创新创业意识，提高自身创新创业能力。

（2）专题活动课程。专题活动课程通常会以真实的商业活动为参照，采用商业计划竞赛的形式组织开展一系列活动，通常会有模拟营销大赛，参观企业、了解企业文化和企业运作流程等课程。此外，专题活动还包括营销活动与决策活动，这些专题活动在创业活动中占据十分重要的地位。通过这些创新创业专题活动课程的开展，高校可以培养学生在创业中必不可少的团队意识，还能够锻炼他们对于商业活动的竞争意识。

（3）项目活动课程。高校设置的项目活动课程能够在很大程度上，培养并强化创新创业学生在创业活动中所需要用到的独立判断能力、自我管理能力，并且提高学生的创新创意素质，让学生在不断实践的过程中，锻炼自己的能力。

3. 实践课程设计

大学生创新创业理论学习的目的是指导实践，因此实践课程设计是大学生创新创业课程体系构建的重点。

（1）实践课的层次。

第一，普及性创业教育实践课。目前创业实践课存在"隐性课程为多、显性课程不足"的情况，故需要增设诸如经济学、管理学、法学等一系列与创新创业有直接关联的显性课程，合理安排这些课程能够更好地培养学生的创新创业意识。同时，高校还需要通过加强制度化建设进一步改善当前课程设置不合理的现状，扩大创新创业教育的普及性，从而让全体学生的创业基本素养和能力得以全面提高。

第二，进阶性创业教育实践课。进阶性创业教育实践课与普及性创业教育注重意识、品质培养相区别，是面向少数学生的进阶性创业教育。进阶性创业教育着重创业体验和创业实践，设置的课程主要是侧重于创业体验和创业实践的教学。

（2）实践课的分类。

第一，案例实践教学。案例实践教学所需的案例既包括成功案例也包括失败案例，教师通过引导学生分析和讨论这些案例，让学生自己从这些具体案例中总结成功或失败的经验，对此进行学习和反思。教师在案例实践教学中的主要作用就是帮助学生把案例中的经验和教训上升到理性层面，这也是教师应该掌握的一种创业教育教学方法。仅凭课本上理论知识的教导，学生无法完全理解并运用创业教育理论，教师只有通过分析具体案例，才能加深学生对创新创业的理解，让学生对其有一个更为具体、详细的认知。

第二，模拟创业实践。模拟创业实践课程通常会以举办如创业计划竞赛活动来展开。"创业计划竞赛"活动是以小组竞赛的形式开展，每个组的成员构成由创业者自由组合以达到取长补短的目的，通常而言，这一活动的竞赛小组成员为 5 ~ 6 个人，最终形成的竞赛小组也称为"模拟公司"。

小组成员首先要通过实地调查来选择自己具体要进行的创业项目，选定了之后，小组成员要针对这一项目进行分析，讨论该以哪种途径来展开，然后根据小组自己选定的创业项目，提出一个能在市场上有发展前景的创业产品或服务，然后围绕这一产品或服务，制订一份商业计划书，内容要完整，事项要具体，角度要深入，里面要有作为一个创业者对新公司发展的整体蓝图、战略策划、资源分配和人员需求。其他基本内容包括公司的介绍、产品与服务的市场调查分析、公司主要的竞争营销策略、公司的组织架构图、人力资源管理结构、财务分析报表等，但这份商业计划书最终一定是以赢得"风险投资家的投资"为目的。制定完成后小组成员要进行课堂汇报。

第三，精品创业实践。精品创业实践主要是指大学生创办企业的实践，这一课程是目前高校创新创业教育中的高级课程，其特点在于这种实践不同于课堂上的模拟实践，而是由一些有专业支撑、产业前景好、拥有优秀创业团队的真实创新创业项目实践，这些项目是学校从创新创业教育的进阶性目标出发寻找的。此外，大多数高校还会设立创业孵化基地，为大学生提供创业场所；部分学校甚至会为大学生提供创新创业风险基金，给予他们一定的经济保障；或是专门为创新创业大学生聘请创新创业咨询专家团队，以引导和帮助他们解决创新创业过程中可能面临的问题，从而实现大学生真正意义上的创新创业。或者更加大胆地以学生为主体创办公司进行一些真正的经营活动，虽然这种方式对大学生而言风险性较大，但是对那些有创业眼光以及胆魄而且自身综合素质过硬、创业能力强的学生而言，这是通向成功的最佳渠道。

三、高校创新创业教育人才培养的实践平台构建

（一）实践平台构建的目标

高校根据人力资源市场对毕业生实践能力的新要求，在创新创业实践教

学中增加各种与市场活动相契合的创新创业实践活动，由此构建一个与之相适应的创新创业教育实践平台，进而建立一个完善的专业实践教学体系，将创新研究、创办企业、竞赛训练、志愿服务这些内容都纳入其中，通过多种方法与途径，实现创新创业教育实践教学与专业实践教学有机融合，这样做的目的就是让学生在边学边做的过程中，提高自己的自主研究能力、实践能力以及创新能力，同时在各种创新创业实践活动中积累经验，学习更多书本以外的创新创业知识，并培养学生的创新精神。

在构建创新创业教育实践平台时，高校需要明确创新创业教育实践平台构建的目标，然后以这一目标为导向进行构建。对创新创业教育而言，其目标就是培养社会所需要的创新创业人才，因而创新创业教育平台的目标就应该是培养社会所需的创新创业人才所应具备的创新创业意识和实践能力。

简而言之，高校在构建创新创业实践平台时，应以其目标为导向，以提供支持和配套监督评价体系为保障，构建一个能够引导学生立足于科技文化领域，并开展创新创业项目实训的实践教学平台，在此基础上，将科技文化领域的各种项目运用到实践教学中，可以为学生构建一个专业化、多元化的创新创业实践平台，这一平台能够为想要创业的学生提供更多的实践机会，进一步丰富学生的实践经验。

（二）实践平台构建的原则

1. 围绕区域经济社会发展

创新创业在当前社会具有广阔的发展前景，是国家经济发展的重要途径，在推动区域经济发展方面效果显著。因而高校创新创业实践教学必须以此为导向设计和开展、创新创业的本质就是根据社会需求和人才发展要求而展开的培养创新创业教育人才的一种活动，从其功能性来看，高校与区域内的技术创新、知识创新与知识传播有着密不可分的关系。简而言之，区域内技术和知识的创新发展主要依赖于高校所培养出来的创新创业人才，因而各个区域内的高校都有一个共同的使命——培养高素质创新创业人才，推动科技进步，促进经济社会健康、协调、可持续发展。

2. 坚持基于专业实践教学

坚持基于专业的创新创业实践教学是指结合学生的专业进行创新创业实践教学，这种教学不仅能够改革该专业的实践教学，而且也能促进高校素质教育的进程，培养具有创新精神的复合型专业人才。因此，从这个角度来看，创新创业实践教学不仅能促进创业课程的发展，提升学生的创新创业实践能力，还能推动和指引高校各专业实践教学的革新，而专业实践教学的这种革新在一定程度上将促使创新创业教育实践教学更加符合现代社会的发展。创新创业教育要充分发挥自己的作用，必须始于专业、基于专业、融入专业。

第四章
高校大学生创新创业教育体系构建

第一节　高校大学生创新创业教育资源与课程体系

一、高校大学生创新创业教育资源

（一）利用校内创新创业教育资源

校内资源是指高等院校为服务大学生提供的内部资源，在进行大学生创新创业教育过程中，要充分利用好校内资源。

（1）设立开放实验室。学校组织学生定期进入实验室，以激发大学生的创业兴趣，同时，应以开放实验室为平台，让大学生在实验室里自主学习，设置有个性化色彩的创新创业项目，用来吸引有创业意愿的大学生，最终达到为大学生创业铺平道路的作用。实验室是校内得天独厚的资源，不仅可以帮助大学生达到实践的目的，而且有助于增强大学生团队合作意识，而团队合作在创业过程中是不可缺少的重要精神。

（2）设立校内创业孵化基地。校内创业孵化基地是专门供大学生利用课余时间在创业平台进行训练的场所。在建设校内创业孵化基地过程中，高校可依托学校现有资源，充分利用学校的场地，最终达到为学生提供实践基地的目的。

（3）开设第二课堂。为了弥补第一课堂的不足与缺陷，高校可以开展创新创业教育第二课堂，为大学生创新创业教育提供实践平台。积极发挥第二课堂的作用，以训练大学生的基本技能和综合素质为目的，与第一课堂相互结合，第二课堂为大学生创新创业教育提供了场地，还可以组织大学生创业竞赛活动。大学生可根据自己的兴趣爱好参加各种活动，在活动中吸收有关创业的知识，将知识运用到实践中。

（二）拓展校外创新创业教育资源

1. 争取加入校外创业孵化器

创业孵化器是指为打算创业的公司提供资金、设备、办公场地的企业。在争取入驻校外孵化器时，应注意以下两个方面：

（1）在孵化器的建设方面，要保持学生的创业热情，在学校进行大量宣传，对于扶植的项目，要有规范的保障制度，在保障孵化项目顺利成长上起到积极的作用。

（2）在保证基地硬件设备齐全的基础上，注重基地软件的配套，即为基地配备专业的指导老师，为孵化项目提供全程深入跟踪指导。

2. 创建校企合作的路径

校企合作在大学生创新创业教育中起到了非常重要的作用，其作用主要包括：

（1）加强实践教育，学校应该与企业相互结合，而政府则需要给予企业一定的优惠政策，如企业纳税减免政策。

（2）加强校外教育教学基地建设，深化产学研合作，学校与行业、企业、行政事业单位等协同育人，建立学校与企事业单位联合培养人才的新机制。在校企合作中强化创新创业能力培养，为大学生创新创业教育提供支撑。深入开展地域经济发展需求调研，大力推进"走进社会"活动，促进与其他学校和行业等企事业单位的紧密合作。

二、高校大学生创新创业教育课程体系

（一）优化大学生创新创业教育理论课程

优化大学生创新创业课程体系，需要从以下三个方面为出发点：

（1）在创新创业教育课程内容的设计上，要注意用多元化的方式来吸引学生的注意力。

（2）以往大学生接收创新创业教育方面的知识比较单一，而新时代要求大学生学习较为系统的理论知识，在创新创业课程设计方面，要注意相关联的课程之间的衔接性和系统性。

（3）完善课程体系时应注意培养大学生的思维能力和创新能力。

（二）强化大学生创新创业教育实践课程

与理论课程不同，实践课程更加注重学生的实践能力，实践课程是为了进一步巩固大学生的创业理论课程而设计的，目的是将大学生所学到的理论知识应用于实际中，从而提高大学生在创业过程中的实际操作能力。创新创业教育实践课程的作用表现在挖掘大学生的创业潜力，激发大学生的创业热情，提升大学生的创业能力等方面。印度管理学院经常组织国际性的创业计划书大赛，在计划书撰写过程中，能充分锻炼学生的思维能力，以及学生的团队意识、竞争意识和综合运用各种手段查阅资料、获取各类信息的能力。大学生创新创业教育在进行实践课程时，需注意以下方面：

（1）通过多样化的活动培养学生应具备的精神和技能。为了给大学生提供创业实践平台，麻省理工学院开设了体验性课程和特殊性课程，学校安排学生与成功企业家进行面谈，让成功企业家传授创业经验。除此之外，高校需要整合社会资源建立大学生创业见习基地，构建创新创业教育实践平台，建立创业基地的同时必须建立完善的服务体系，根据学生的需要合理分配时间，灵活设置实践活动，为学生的创业提供咨询指导服务，以满足学生创业的需要。

（2）建立实践基地。实践基地需要灵活安排课程，让学生拥有更多的选择空间，因为参与实践基地活动的学生都来自不同专业，所修课程在时间上很难达到统一。另外，在创业实践基地进行实践时，高校应采取开放式教学，充分发挥学生的积极性和主观能动性。

（3）加强大学生寒暑期社会实践和社会调查等活动。鼓励大学生在社会实践活动中真真切切地去体验。将社会实践活动落到实处，可以丰富大学生的创新创业知识和体验，提升大学生的创业素质能力，促进大学生在社会实践中受教育并为社会做贡献。

（三）完善大学生创新创业教育网络课程

"互联网＋"的实施，为我国传统产业的转型升级注入了根本性的变革力量，促进产业的数字化、网络化、智能化，正是我国实施中国制造2025战略的核心所在。在我国深入推进经济结构转型，全力构建创新型国家的关键阶段，各高校只有始终坚定不移地贯彻党和政府对新时代大学生创新创业教育工作的要求，才能达到苟日新、日日新、又日新的工作要求，为中华民族伟大复兴的稳步推进输送更多的优秀人才。

微时代、"互联网＋"时代的迅猛发展，信息时代的到来，使人们的接触更加紧密，交流更加方便，生活更加便利。微信、微博、QQ等网络平台的衍生给大学生的生活增添了乐趣，使大学生足不出户一样可以感受到丰富多彩的世界。高校除了理论课程、实践课程以外，应抓住这一机遇，充分利用网络资源，转变传统的思路，加入网络教学，使原来枯燥无味的传统课堂变得生动有趣。

网络课程的内容和理论课程应相互结合。首先，通过微信公众号平台宣传与教育；其次，通过在线观看成功人士的成功案例，最大限度地发挥新媒体创业教育的优势，引导大学生借助互联网获取大量资源，让新媒体发挥应有的作用。大学生作为创新创业教育的对象，应该积极树立创新合作的意识，有选择性地运用互联网络，通过学习网络课程提升自己的创新能力。高校应该依托现有的网络资源、校园网平台，建立对应的教育网络系统，推动载体创新。

利用新媒体技术和现代教学手段，把最新的创新创业案例作为学习教材，邀请行业专家参与网络教学，通过面对面交流、网络微信等互动形式，把学生关注的热点转化为可接触的资源。充分利用微博、微信和App应用平台等网络载体，适应互联网时代的快节奏，创造性地利用好网络平台，才能充分发挥其引导作用。

　　无论是理论课程、实践课程还是网络课程，完善课程体系都是深化大学生创新创业教育改革的核心。在创新创业教育过程中，课程与教学是人才培养创新创业教育最基础、最关键的环节。因此，创新创业教育任重道远，构建科学合理的课程体系是开展创新创业教育的基础工程。

第二节　高校大学生创新创业教育机制构建

一、创新创业教育的内在契合机制

（一）创新教育与创业教育内在契合的条件

　　创新教育是创业教育的基础，创业教育把培养学生对待陌生事物的应变能力和创新能力作为出发点，致力于培养学生的高创新意识和思维结构，将学生培养成有创新思维、有思考能力的学生。在培养意识的同时，也要传授给学生知识技能，教育的意义在于教书育人，传授学生有实践性的知识技能，锻炼学生的就业意识和创业心理，让学生在进入社会时有所准备。创业教育可以提高学生的就业成功率，可以转变学生的就业观，帮助社会维持稳定的状态。创新教育的侧重点是对人的总体发展进行把控，侧重对思维的培养，而创业教育则侧重对人的自我价值的实现。

　　创新教育和创业教育两者具有相同之处和不同之处，是两个辩证统一的教育理念。两者的目标具有一定的趋同性，目的是培养学生的创新精神和实践技能，都是为了新时代的发展而做出努力，是推动新时代发展和教育历程的关键内容。

　　1.明确创新创业教育的学科定位

　　要对一个项目进行评估，需要对其进行定位，有了准确的定位，才能进行衡量。创新创业教育是大学教育的一项重要内容，在学科教育中占据重要地位。但是，在现有的教育中，高校并没有将企业管理、技术和经济科技等创新创业教育等课程纳入教育范围，没有重视该项教育工作的有效性，造成教育环节缺失，创新创业教育的发展也遇到了瓶颈，被越来越边缘化。对此，高校学生在把握市场动向时，不仅需要掌握技术创新，还要及时创新思想，顺应时代潮流。

2. 认清创新创业教育的现状

（1）创新创业教育覆盖面有待扩大。从目前形势来看，已经有一部分学生在高校组织的创新创业教育活动中取得了成绩，但仍有大部分学生并未在活动中收获经验，难以形成创新创业教育热潮。在高校组织的创业教育活动中，学生的创业成绩是学校关注的重点。学校所设立的大赛与社团有一定的门槛，需要有能力和技术基础的学生参与，而大多数学生会因为能力不足而被排除在组织之外。参与创新创业教育的学生可以提高技术能力，未参与的学生并未提高技术能力，成为旁观者。

（2）创新创业教育的认识有待厘清。大学生作为社会创新创业中的主力军，在创业过程中往往会出现创新创业经验不足的情况。由于大学生刚步入社会，人际关系协调能力较弱，抗压能力低，心理素质较差，更可能面临创业失败。可以看出，高校的创新创业教育应该面向全体学生，而不应该发展为精英教育，只让部分学生参与。

3. 完善创新创业教育政策

创业作为促进社会发展的一部分，应该对创新创业教育制定相应政策，这是一项系统性工作。对待这项工作需要多方考虑，需要全社会的帮助。同时，我国对大学生创业应给予关注，毕业生创业环境过于艰辛，在创业时会遇到许多问题，这些问题的存在会打击学生的创业积极性。

（二）创新教育与创业教育内在契合的措施

高校教育需要制定合适的路径和目标，然而，路径的制定需要确定发展目标，选择合适路径的目的是提高学生的创新能力和综合素质。高校管理层必须率先转变思路；教师需要转变固有的教学模式和内容，将教育同时代相结合。教师需要树立创新观念，政府和社会需要对创新创业教育进行干预，提供支持，使学生了解毕业即工作不是唯一的出路，而是要加强自身的创新意识，加强创业思想。

1. 转变教育理念

（1）以全面发展创新创业人才为培养目标。教育高校大学生毕业后从基层开始，从基础工作中吸取工作经验，增强在工作中的实践能力和动手能力，经过实践工作，使其具备创新创业的决心。在创新创业过程中，应及时改变个人心态，提高个人的心理承受能力，努力进行创新创业，并且在此过程中，大学生还可以积累一定的经验，丰富个人见识，拓宽人脉，从而提高创业成功的概率。

（2）了解创新创业人才的知识结构与能力结构。专业知识能够帮助一个人在某一特定行业中提升职业技能，并且这种专业技能在就业过程中是不可替代的，发挥着关键作用。为解决大学生就业问题，可以从提高大学生的就业能力入手。较强的就业能力可以提升个人在创业活动中自我存在和自我发展的能力，可以应对社会创业活动中存在的问题，还能为个人未来的发展提供一定的竞争筹码，赢得更多的创业和就业机会，缓解就业带来的压力。大学生在创业过程中，可以将个人的职业发展方向与兴趣相结合，充分发挥个人优势，才有更大的动力达到所设定的目标，从而实现个人价值。

（3）改革高校人才培养模式。高校需要构建以学生为主体的教学模式，改变传统的教师讲课、学生听课的传统模式，只有让学生参与到课堂中，才能够让学生有体验感和参与感，才能够调动学生的创新意识和创业能力。

2. 利用校内的多元渠道

构建以创新创业为核心的课程体系，目的是培养更多具有创新意识，能够独立创业，独立参与工作生活，以及能够将社交、管理处理得游刃有余的专业型人才。为了达到创新创业教育有更多发展机会的目的，需要从更多角度，更加客观地认识创新创业教育的意义。只有这样做，才能够发挥其对社会的推动作用。

创新创业教育具有四个核心内容：①创业理论。在具有充足的理论基础前提下开展创业活动，能够加大成功的概率。创业理论是指对整个创业活动进行研究和分析，通过学习把握创业过程中的规律。②创新能力。有创新能力才能创业，创新贯穿整个创业过程的始终，也是创业的核心之处。③创业精神。在创业过程中，困难和挫折是不可避免的，要求创业者有坚定的思想和精神，有强大的心理素质，才能成功创业。④创业技能。创业者在创业过程中应具备一定的实践能力，否则只能是纸上谈兵。只有同时具备以上四点，才是创新创业教育的基本框架，而且四个要素相互联系，缺一不可。

有创业想法的人，如果能够接受相应的创新创业教育，对于整个社会创业局面的发展将会起到推动作用，可以避免不必要的失败，使创业者能够更加快速地踏上成功之路，也可以充分调动创业者的创业技巧。

创新创业教育课程的改革必须遵循理论同实践相结合的原则，注重充分融合各学科。创新教育已经在高校中有了一定的关注度，是为开发和保护学生的好奇心与创造意识，培养学生的创新精神和科学精神，为大学生的世界观、人生观、价值观的确立奠定基础。

（1）加强产学研三方合作。创新创业课程是一项社会实践课程，它的性质规定了这项课程仅通过高校教育是行不通的，还要同社会上的优秀企业和事业单位进行合作，构建创新创业平台。此外，实现创新创业教育，要集生产、学习、科研于一体，不只是简单地对学生进行知识的灌输，而是要给学生的实践提供机会和场所。

高校将生产、学习、科研纳入课程范围内，是未来的教育走向，是社会对于创新教育的需求，是创新创业教育改革的一大关键要素。具有独立创新的意识，是国家屹立于世界民族之林的重要依托，如果缺乏创新性，不论是团体还是国家都会停滞不前。大学生作为社会中最具活力的群体，需要具备创造欲望，因此应提高学生的创新创业精神和创业能力，为国家创新发展提供不竭的支持和动力。

在进行实践活动的同时，高校应当邀请创业成功的企业家，或是已经创业的学长到高校给学生进行演讲，传授经验，也可聘请成功人士为校内教授，更有助于学生进行有效沟通，及时给学生提供创业信息和学习指导；将创业成功者所熟悉的领域作为开发创新点，交给学生进行开发，既可以调动学生的积极性，也可以提升企业的创新活力，学生更可以通过这种方法获取一定的收益。通过活动，不仅密切了学生和企业家之间的关系，学生在步入社会之后，也是一笔巨大的财富。

（2）深化创新创业教育教学改革。创业教育除了体现在内容方面外，还有形式上，创业教育同传统的就业教育有所不同，高校在效仿国外高校创新教育经验的同时，还应对自身学科进行教育创新，对创新创业教育的改革进一步深化，建立一个适合中国国情的创新创业教育。在开展教学实践的同时，不仅要建设行业和专业课程，还要丰富创新创业教育的知识结构，拓展学生的知识面，让学生有学习方法和知识框架，学生根据自身的学习情况，吸纳需要的知识和课程。在打牢基础的前提下，高校应借鉴和吸收国外院校的成功经验，让学生在创新创业教育中真正学习到有益的知识和内容。

除了课堂上的知识教育外，还需要进行课外实践活动。高校通过具体的创业案例进行实践教学，定期进行就业创业大赛，或是邀请相关专家开展访谈交流，通过比赛激发学生的创业热情，积极与其他学生进行交流，为学校的教育注入色彩。增加学生同专家面对面交流的机会，如开展对话交流论坛、讲座等。此外，学校还可以给学生举办多种多样的创业实践活动，例如，把学校刊物的编辑工作交给学生完成，使学生发挥创意。此外，高校还要引导学生积极参与各类活动策划，增强学生独立思考的能力和创新意识。

（3）搭建创业实践平台。创新创业教育是一种应用于实践的教育，仅仅是课堂上对学生进行创业理论知识的传授和邀请成功企业家到校对学生进行演讲教育是完全不够的，并不能激发学生的创业意识。创新创业教育更重要的是让学生在实践中有所体会，有所感悟，能够获得真正的体验。针对这一观点，学校在对学生进行创新创业教育时，应当注重为学生提供创业支持，要充分发挥学校的管理服务功能。多增加校企合作的机会，给学生提供更多的实习机会；多鼓励学生组建创业团队，为学生创业提供一个良好的环境。学校可以组织创业竞赛活动，让学生有更多的机会参与，增强学生的就业创业参与意识，进一步推动就业创业的发展速度，提高学生的创业能力。

3. 优化校外环境

只通过高校本身贯彻落实创新创业教育很难实现，校外环境以及社会支持也必不可少，尤其是政府相关部门应当充分发挥领导作用，全面配合落实创新创业教育活动。对于学校，校方应当在政府相关部门帮助下合理运用市场机制。政府相关部门所发挥的作用在整个创新创业教育过程中具有一定的管理权力，有权采取一定措施构建社会的和谐稳定发展。总体而言，政府与高校两者密切相关、相辅相成、相互促进，在高校落实创新创业教育时应当从以下四个方面进行：

（1）落实与完善国家创新创业的政策。随着时代进步，党和政府高度重视并提倡全民创业，为了响应国家号召，各地政府部门出台有关创新创业的政策并予以相应指导，其最终目的是提升大学生的创新创业能力。

首先，让更多大学生了解各种创新创业政策。通过免费咨询等方式，为大学生答疑解惑。针对有想法的大学生，应当予以充足的肯定并为之提供创业帮助，如减免税收、无息贷款等。为了能够让更多的大学生了解创新创业，还需要将整合的内容装订成册，向大学生发放。

其次，让大学生仅了解政策还远远不够，更重要的是教会他们如何使用相关政策。针对此问题，解决的办法是举办宣讲会，主要围绕创业分析展开论述，为大学生提供更多的思路。

最后，为大学生争取更多有关就业的优惠政策。政府与教育部门应当对大学生就业问题加以干预，采取一定的方式方法培养大学生的创新创业能力。例如，专门开设创新创业学科并将其纳入必修学分，倡导并鼓励大学生能够自主创业；如果大学生是以创业为目的地留学，学校可以为其保留学籍。此外，还需要不断优化市场竞争模式，力争为大学生打造良好的就业环境。

（2）建立政府与社会多元化的融资渠道。高校开展教育活动的经费大多源于政府部门，只有政府部门足够重视高校教育并加大资金投入，高校才能够获得更高的口碑。政府相关部门在投资时也会侧重于创新能力以及科研能力较强的高校，具备一定的竞争机制并且使效率高的学校具有优先权，总体而言应遵循公平公正的原则。应当从思想上得到重视，用实际行动对创新创业教育事业作出贡献，不断加大对高校的投资力度；也可以通过建立"大学生创新创业基金"的方式开展，常见的渠道有社会募集、贷款、政府扶持。

筹集资金的有效方法如下：

第一，通过担保方式获取贴息贷款的资格。担保人一般为学校、企业或政府，为了更好地解决大学生在创业初期资金不足的问题，贴息贷款可以减息让利，是大学生创业筹集资金的选择。

第二，采用信用担保贷款。此种方法并不适用于全部大学生，采用信用担保贷款的大学生，一般在校表现优异。由于校方与企业具有合作关系，高校可以直接将品学兼优的大学生推荐给企业，学校的评选结果可以作为他们信用良好的有力凭证，有利于大学生向银行提出信用担保贷款的申请。

第三，建设高新创新创业园区，主要面向有理想、想创业的大学生，为他们提供相对优越的创业环境；专门在园区内设计创新创业的"孵化器"。学生有权提出园区转换申请，具体是将高新技术开发区转变为适合大学生创业的创业园区，适当降低门槛并且不收取额外费用。在资金问题上，相关部门应当予以更多帮助，如减免税收、免费办理相关手续等，充分肯定并鼓励大学生开展创新创业活动。

（3）给予高校更多的办学自主权。给予高校更多的办学自主权，才能使高校合理合法地对学校教育与发展实施自主管理，实际上对于政府相关部门的自身管理十分有利，可以在法律规定范围内监督与管理高校活动。由此可见，高校若要真正实现办学自主权，即拥有招生办法权、费用制定权以及学校开设专业的自主权，实质上需要从调整政府职能入手。

（4）完善政府服务体系。完善政府服务体系的措施如下。

第一，向广大社会发布创业信息。发布创业信息的渠道众多，可以借助报纸、网络、媒体报道等，为大学生提供最新的创业信息与发展趋势；政府相关部门也可以为大学生提供免费的创业咨询服务。

第二，建立相关的创业项目负责机制。由行政管理部门接手，主要针对教师进行专业化的指导培训，还需要跟进项目并予以一定指导。

第三，创建"大学生创业超市"。"大学生创业超市"只是一种形象的比喻，具体指整合有关创业信息，供大学生选择并使用，主要目的是提供资料、资源共享。

第四，成立专门针对大学生的法律援助中心。创业过程实际上会涉及众多法律问题，因此为大学生提供法律援助不可或缺，尤其是提供免费的法律咨询至关重要。

第五，修订大学生创业者就业创业联合会议制度。创新创业联合会议作为研究、分析与指导大学生创业的重要会议，每年由政府相关部门组织召开，主要是解决大学生在创业中遇到的难题。

第六，制定奖惩政策。政府相关部门应当合理运用手中的资源，为大学生谋求更多就业机会。此外，还需要不断完善大学生创业服务，充分利用社会中的优良资源，帮助大学生能够顺利创业。

政府与高校应相辅相成、相互促进、相互影响。纵观教育事业的整体发展可以看出，两者所承担的义务不可互换，对此要求两者的工作应适当融合。政府相关部门需要结合当下情况做出宏观调控与管理工作，真正实现高等院校向和谐稳定、专业化方向迈进。

二、创新创业教育的激励与调控机制

（一）创新创业教育的激励机制

高校创新创业工作在政府驱动下，也要参考市场导向。高校在创新创业教育体系中处于重要位置，发挥教学科研、人才培养的重要作用，不仅将科学知识传授给学生，还要培养学生的修养与品质，帮助学生树立责任意识，全方位承担德育的重要责任。同时，高校还能够帮助学生提升在创新创业方面的综合素质。因此，创新创业教育激励动力机制是一种互动机理，推动高校创新创业教育良性运行，促进实施推广的内外要素间相互联系与协调发展。

以内生动力而言，高校教师参与创新创业领域的教育教学工作，是其职业发展的必经道路，也是追求个人理想的体现；高校学生参与创新创业教育是对未来职业发展的合理规划，也是自身全面发展的要求。

高校的外生动力来自政府相关部门，帮助高校展开理论与实践的科研工作。政府作为我国高等教育最重要的外部推动力，能够为高校提供极其丰富的资源，社会能够从荣誉感与成就感方面起到推动作用。内生与外生动力所起到的作用不同，但是两者之间具有互相支持、互相作用的紧密关系，两者共同决定了高校创新创业教育发展的价值与未来。

1.激励机制的基本运作

对政府而言，社会和经济的持续发展导致对改革的需求迫在眉睫，在深化改革的大背景下，政府对创新创业活动的需求不断增大，对创新创业教育的科研与人才培养的要求提升，政府会推出一系列政策，引导高校发展创新创业教育，也会提供一定的资源予以支持。

对社会而言，我国发展空间广阔，创业机会众多，社会机构在这一阶段具有更多的创业意愿，以此实现社会责任与自身利益，因此对人才的渴望十分强烈，促成社会机构与高校之间的合作关系。这种合作一方面可以使社会机构有更便利的条件引进人才；另一方面可以推动高校创新创业教育教学实践工作的开展，使高校能够通过社会对人才的需求，调整育人方向与专业设置。

创新创业教育是高校传授专业知识之外独立存在的一种功能，其核心是培养学生全面自由的发展。在高校创新创业领域中，全面发展的教育理念已经得到广泛认同，高校通过价值观、控制力、人际关系等方面的教育，提升学生的综合素质，为我国社会主义接班人的培养奠定坚实基础，也推动高校创新创业教育的实施发展。

作为高校创新创业教育领域的两大主体，教师和学生参与创新创业教育的内生及外生动力，对高校创新创业教育激励机制的研究具有关键作用。从教师角度看，他们是创新创业活动的传授者，自身对于创新创业教育工作的热情与兴趣，以及对教育目标的认同，都将促进创新创业教育及研究工作的开展。高校对于教师工作的合理安排、对教师工作表现的激励等，都能够帮助教师提高积极性。此外，和谐的文化氛围也会对高校教师的心理产生一定影响，在一定程度上帮助创新创业教育工作健康开展。

从学生的角度看，他们是创新创业的受教育者与实践者，自身的爱好与兴趣，以及周围环境的积极影响，能够提升他们对创新创业教育课程的认同感与学习热情。高校可以合理安排课程与学分，实施激励举措，提高学生在创新创业活动中的参与度。教师与学生作为创新创业教育活动中的两个主体，两者之间具有相互支持的关系：一方面，学生的创新创业需求推动教师的教学研究工作；另一方面，教师的科研工作对学生参与创新创业教育课程有所影响，两个主体之间和谐有序的关系，共同促进高校创新创业教育的良性运行。

设置创新创业教育基金是一项行之有效的举措，通过教育基金可以完善激励机制，对表现突出的学生及时给予奖励，提升他们的积极性；还可以尝试将学生参与的课题研究、科研项目实验及创新创业项目等成果转化为相应学分，提高大学生创新创业的积极性。

从考试的角度来看，高校要创新考核方式，以替代无法满足创新创业教育的传统笔试考核方式。传统考试方式能够考查学生的记忆辨析能力，但是无法考查学生的创新意识与综合能力。因此，高校必须建立新的考核机制，以素质为导向，以学生的创新创业参与度及贡献度为评定内容，以综合答辩方式为考核方法，并将创新创业项目的阶段性成果作为标准，考查学生在创新创业方面的综合素质，体现出创新创业项目的独特目标。

在创新创业教育中，高校要与学生形成协同合作。一方面，高校要进行统一领导，保证全员参与；另一方面要推进教育改革，成立工作小组，呼吁全校师生积极参与，以较大的热情投入创新创业项目中，加强各主体间的沟通交流，畅通信息通道；在严峻的就业形势下，高校要响应政府号召，增加创新创业竞赛频率，扩大规模，鼓励学生积极参与，邀请知名企业家进入学校，分享成功的创业经验。

在高校创新创业教育中，激励机制的作用不可忽视。激励机制可以激发教师的创新科研积极性，也鼓励学生参与创新创业活动的热情。对此，高校可以将创新创业教学的实践指导考核指标划入绩效考评中，并与教师的职务晋升及职称评定相关联，同时，高校应奖励教师取得的具体成果，提升教师的工作热情。除了对教师的激励以外，高校还要注重对学生的激励，可改革学籍、学分管理制度，为学生奖励更加自由自主的创业环境，使学生拥有较大的弹性时间与空间，从而合理安排学习与创新创业活动。高校还应为学生创造自主发展的机会，鼓励学生发挥主观能动性，参与创新创业教育竞赛，并奖励在创新创业竞赛中获奖的学生。在激励机制作用下，企业可以利用技术、资金、渠道优势，并根据自身需要参与高校的创新创业活动项目中；可以参与高校的人才方案规划与制定，与高校达成意向合作，扩大就业机会；

可以在高校内为学生举办分享交流会，为毕业或即将毕业的大学生提供必要的宣传和引导。在企业自身条件允许的情况下，企业还可以为创业的学生提供实践机会，帮助学生积累更多经验，为他们创业发展奠定基础，提供更多支持。

2. 激励机制的主要原则

从高校的创新创业教育发展方面来看，动力来自多方面，既受师生、学校影响，也受到政府的影响，所以在对激励机制进行建构时，要以一定的原则为基准，在保证能够进行管理及决策的各方目标统一、互相配合的前提下，努力发挥高校创新创业教育的真实力量。从内涵和要素特点来看，在建立高校创新创业激励机制时，主要应当遵循以下原则：

（1）维护各方动力的动态平衡原则。对各方动力进行动态平衡维护，主要包括两方面：一是保证各方相互适应，让各方互相配合，共同推动创新创业教育，在程度上尽量保持一致；二是目标和发展方向保持一致。之所以重点关注这两方面，是因为在高校进行创新创业教育推动时，不同主体的推进动力不同，从寻求最优的角度而言，并不是动力越强效果越好。

从宏观方面而言，如果高校对创新创业教育推进的动力比政府小，高校创新创业在社会经济发展方面所发挥的作用较小，高校会对原来的教育计划进行调整，这对教育自身发展是不利的，而且对其他教学课程的进展也会产生一定影响；如果高校的动力比政府方面更大，高校创新创业在经济方面能够发挥的作用将会被低估，政府和社会可能会忽略高校的创新创业教育发展，从而导致资源的配置跟不上课程的需要。

从微观角度来看，之所以会有动力失衡的情况出现，是因为师生内外动力的发展不相匹配，在实施创新创业教育时会产生阻碍，不能顺利推进。如果各方对于最终的发展方向和目标的追求不同，即使动力强弱是彼此合适的也无用，在进行创新创业教育时仍旧不会顺利。在进行创新创业教学时，高校对于理论性的教学内容会投入更多，而政府和社会机构则更加关注实践情况，导致双方目标和方向不同，进而造成实际资源配置的不合理、不平衡，无法达到预期的高素质人才培养目标。

如果高校方面能够更加重视如何提升教学质量和水平，教师们应提高实际理论教学科研水平，这种情况下，针对与教师相匹配的资源，学校应制定考核评价准则。在理论规划方面，如果教师和学校的目标不一致，创新创业教育相关的理论研究水平和教育质量将得不到保证，效果可能会大打折扣。

从创新创业教育的实际情况出发，能够提升学生综合素质和进行学生能力开发的方法多种多样，如果把高校对创新创业教育进行推进的动力转化成学生的动力，需要有一个合适且具有显性和隐性的载体，通过特定载体的开发培育，达到动力转化的目的。关于隐性载体，既包括在积极参与学校内组织的创新创业文化活动时鼓励、支持学生，也包括对于进行创新创业活动的尊重和认同；显性的动力载体则更加多样，如高校制定的奖惩相关规定、政府推出的鼓励政策，还有社会机构针对此项内容提供的物质及经费支持等。只有做到让各方的动力和不同层面的主体在创新创业教育过程中都能积极主动参与实际工作，同时合理引导来自不同层次主体的动力，并加以推动和进一步强化，才能推动高校创新创业教育的实施，并使其达到理想状态。

（2）防止各方动力的异化发展原则。在高校创新创业教育推动中，如果方向出现偏差或者力度把控不够稳定，或者对动力的调控不够准确，很容易发生异化现象。教育变得应试化、工具化是动力异化的主要表现。在创新创业教育的推进过程中，政府和社会机构会忽略教育本身的价值规律，而对其短期成果过分关注，认为是进行社会转型升级、提供创业机会的工具，这种现象是典型的教育工具化。因为错误的引导，有的高校在进行教育培养时会忽略关于创新理念方面的教育推进，只关注学生在理论方面的学习成绩，也与全面自由的育人观念相违背。

与工具化不同，通过考试的方式，对学生创新创业活动的结果进行有限评估，是应试化的典型表现，这样做并不能对学生的综合素质和创业认知进行清晰且正确评估，这在一定程度上还会打击学生的热情和积极性。所以，在坚持创新创业教育目标的同时，高校应把全面育人的理念贯穿始终，构建具有特色的课程理论、教学方式和科研方式，同时与各方建议有效结合，及时沟通交流，深刻认识和总结创新创业教育的本质特点和发展规律，以便制定更加合适的培养方案。

3.激励机制的重要策略

要使高校创新创业教育协同机制能够顺利运行并达到理想效果，作为决策主体方，应该对管理方式和方向进行合理规划，对自身及其他主体方的工作任务进行明确，才可以保证所有参与的主体方在思想意识和发展目标方向上保持高度的统一性，通过通力合作，以整体利益最大化为出发点，进而发挥出己方的最大能力。与此同时，在工作流程和工作行为方面，应制定相应规范，各方在开展工作时应严格以规章准则要求为标准，从而高效率地完成工作。

奖励机制的制定也十分重要。在制定相关奖励机制时，应把协作参与和信息的透明共享行为当作主要标准，才能在各方进行项目决策时更好地协调，加强彼此之间的交流沟通和了解，同时培养团队之间的默契，保证机制能够按照公平、公开、公正的原则运行。此外，奖励机制对于增强各方竞争协同意识方面也起到一定的促进作用，对高校创新创业教育机制整体协同工作效率的提高具有良好的促进作用。

要提升高校的创新创业教育协同作用，关键是要完善利益分配制度。完善利益分配和实施的机制，可以提升企业、行业单位在高校创新创业教育方面的参与度，激励他们更加积极地投入。具体措施如下：①应当在高校中建立专项资金，专门用于对高校教学设施及其他条件的提升完善，以及对校企协调培养机制的支持和发展；②对参与协同培养的企业和导师予以一定激励，让企业和导师更加愿意参与，同时提高他们对高校创新创业教育协同培养的积极性和兴趣度；③改革优化指导教师的考评标准，新的校企合作教育指导教师考评机制应当能够对教师的工作量和教学质量进行科学有效的评价，同时也要改革晋升机制，使其更加高效，才能让指导教师更加重视对学生能力的培养；④进行利益分配时，要明确各主体的责任，相应的责任追究机制也要建立，才能让高校和企业在创新创业教育协同发展中更好地合作。

只有政府、企业、高校互相配合，共同努力，才能保证高校创新创业教育激励动力机制一直高效运行。在高校创新创业教育协同机制中起到主导作用的应当是政府，只有国家和政府在政策、资金等方面进行全方位的支持与扶持，才能为创业营造出良好的环境。具体措施可从以下两个方面着手：

（1）制定保障高校创新创业协同运行的规定。在政策资源掌握以及计划制订方面，政府相关部门起到主导作用，因此可以对将要参与创新创业教育的企业和高校进行积极引导，可以制定推出多维度、多方位协同的针对创新创业教育模式的相关激励制度。在多维协同的创新创业教育机制的实际运转过程中，高校是进行路径创新的主体，因此，通过创新制度，能够对创新路径起到一定的推动促进作用。

作为进行资源调配的一方，政府相关部门可以制定更多的激励政策，为学生创业提供一定的资金保障，减少他们的创业风险，以此推动学生进行创新创业。例如，既可以推动制定多维协同的育人制度，加快人才培养体系的建立建设，也可以通过对创新创业课程进行设计规划，充分调动各方的积极性，让各方主体能够主动参与进来。此外，对于如何协调处理好政府、企业、高校三方的关系，政府也要十分重视，通过进行资源配置和管理，积极协调三方关系，从而保证创新创业教育合作能够顺利进行，达到预期目标。

（2）建立健全创新创业的相关政策和法律法规，鼓励更多的高校毕业生加入自主创业队伍。为此，高校可以举办创业竞赛，在政府帮助下，为良好的、优秀的创业项目提供一定支持，如资金支持、提供平台等，也可以为更多想创业的学生提供交流的机会，以此让学生的创业环境更加完善，也可以针对创新创业项目设立专项基金。

要使创新创业教育更好地运行，外部环境的支持至关重要，需要对创业环境进行改善优化，成立创业专项基金，借助自身在技术、财力等方面具备的资源优势，帮助高校更好地进行创业人才培养，为学生拓宽创业渠道，扶持高校毕业生成立创新创业企业，以促进其健康发展。站在国家层面，需要重点扶持、支持学生开展的创业项目，设立创新创业专项基金，学生可以通过申请获得启动资金，政府以此对学生的创业活动进行支持。此外，可以针对学业的创业培训设立专项资金，对其进行补贴。

在关于创新创业项目的知识产权方面，加大保护力度，为创业学生的合法权益提供强有力的保障。因为学生群体对于如何进行无形资产的专业评估普遍缺乏了解，在创业过程中，学生容易忽视对于创业成果的保护。正是因为如此，在创新创业项目的产权发生纠纷时，学生的权益容易受到损害。因此，优化高校创新创业法制环境是当务之急。

从企业角度出发，可以安排企业导师深入高校，对创新创业的学生进行指导，为他们提供意见；企业导师也可以成为企业和高校的沟通桥梁，高校可以根据企业产业部门的实际人才需求，对教学科研的规划进行调整，使人才培养更有针对性。高校应当积极主动地与企业开展合作，对校企协同的人才培养模式进行调整完善。

在创新创业教育前期，主要是产学研相结合，在此基础上，对全面协同育人工作进行进一步推进，将培养的目标方向设定成为经济社会发展服务。与此同时，通过校企联合培养创新创业人才，对企业和高校的相关教学资源和环境进行充分利用，将各方优势融合在自身发展中，为高校加强和社会及政府间的沟通提供便利，从而激发产学研合作教育的主体动力机制。

企业之所以愿意和高校合作，原因很多，其中市场需求以及通过产学研能够产生的合作收益是促进校企合作的直接外部动力。因为产学研和创新创业的合作为企业带来相应收益，因此应加强企业与高校的合作意向，促使企业愿意投入更多的人力、物力，以及为此提供更多的合作经费。在高校创新创业教育协同机制中，企业的支撑作用也必不可少。在这里，企业不仅是技术的应用者，也追求最大的利益，并推动创新成果的转化。

借助创新创业教育，企业可以获得需要的人才、技术甚至利益，会使企业原先的成本降低，收益成效得到提高。通过与高校配合，企业可以进行创新创业项目的开展。与此同时，借助高校，企业可以资助人才培养体系计划，在信息反馈方面可以获得更高的收益回报。在这个过程中，企业将承担起市场技术拓展、技术供给、科研成果转化等责任。

进行创新创业学习的学生，需要做到改变原有的就业观，从思想上为创业做好准备。创业也是就业的一种形式，且是一种高质量的形式，能够体现出一定价值。但是，创业过程中充满未知和不确定性，学生不仅要有良好的人际交往能力，还要有管理决策能力，因此应当对自身进行科学且充分的认识和评价，只有这样，才能激发自身的创业潜力。

（二）创新创业教育的调控机制

1.调控机制的评价

科学研究、准确评估高校创新创业培训运行中的矛盾，是调控的重要内容，而建立科学公正的事后研究关系，是建立监管机制的重要前提。建立调查评价环节，重点明确调查评价关系的主体、对象、内容及方式方法四种关系。学校部门众多，教育实践活动也多，所以要明确调查评估问题，明确责任，从根本上明确学校领导机构的决策，同时为合理配置资源，促进创新创业培训的有效开展奠定良好的基础。

为了提高矛盾解决的有效性，在管理机构和专家委员会两个决策机构中设立业务调查评估部门，不仅可以提高反馈的有效性，也可以确保评价组织的尊严，有助于实现两个决策机构的思想价值和观念取向；为了确保反馈信息的客观性，在校外建立一个外部调查和评估组织，是对评估工作的一个主要补充。三方的工作在某种程度上是相同的，但重点不同：领导部门负责牵头组织，主要负责整体投资；从宏观层面配置资源用于创新创业培训；评估部门的专家委员会更注重微观视角，如师生的提案和教育科研的设计与运作；校外组织主要以创新创业实现事业单位整体高效运作为目标。

（1）创新创业协同评价机制。创新创业的合作评价机制，有助于提高创新创业效率的培训机制。一是在实践和科学知识评价方法论框架内，建立创新创业评价机制，用于有效评价学校师生，务实地进行教育科研成果，逐步提高实践质量。二是企业与高校共同推进创新创业评价，将创新教育与日常工作奖励挂钩，考核推广，鼓励企业注重实施创新创业培训。

（2）创新创业教育质量考核评价机制。若要评估创新创业的教育质量，可以观察创新创业教育实施的水平和教育后得到的反馈，创新创业教育的评估既能够推动教育价值的提升，还可以使学生的创业素质和技能得到提高，使各方主体的协同关系制度得到保证。

企业会在新型考评机制构建下，更加积极地参与高校创新创业教育。考评分为外部考评和内部考评，内部考评主要是上级政府用于测量创新创业教育整体教育质量和水平的工具，舆论会对第三方机构进行监督，同时进行绩效评估。内部考评是以项目执行和资源调配为基础，以协同双方为主体进行绩效评估，在评估前建立创新创业教育体系在跨界协同关系下的管理制度，对双方的权责进行明确。协同育人的运行过程会在科学有效的评价体系下得到意义上的提高。

高校毕业生创业咨询机构数量、创业扶持制度政策是创新创业教育协同育人环境考核评价的内容。创新创业教育通过风险投资或教育基金的建立获取资金，课堂与实践的教学评估包括在协同育人教学水平评估下。多元教学方法和核心课程规划是课堂教学评估的主要方式，但实践教学不仅局限于校内，还有校外实践，如实践活动、创新创业竞赛等。在考核评价时，应当设立更加全面有效的内容，评估内容不应当局限于创新创业教育活动的结果，还要具体监测活动的过程，应当在绩效指标中设立定性与定量研究相结合的教学方式。

育人载体、参与主体、整体效果和投入状况是高校创新创业教育体系的四个层面。四个层面也可以作为对教育运行状况进行调查研究的分析数据。为了了解创新创业教育中教师与学生的态度，可以进行访谈交流；不定期地监测课堂教学形式与内容，及时发现教学的不足；深刻分析教育中人力、物力、财力资源的配置；在创新创业培训落实前，应当切实了解学生的受教育意愿和个人能力与综合素质，同时加强师资力量。

总之，在高校创新创业调控机制中，四个层面具有重要作用，为了使调查评估环节更加完善，必须将评估体系建成四位一体的多元化体系，以保证整个过程的具体信息得到有效运行和评估，并能够及时高效地获取反馈信息。

在调查评估时，可以通过合理的访谈，了解参与主体的课堂主观感受。在访谈时，采访参与主体的感受和意愿，采访后及时总结采访的信息。这些评估对象在资源投入和育人载体的层面都是客观存在的。因此，这种客观性也被带入到结果中，调查的标准在调查前应当明确，在评估体系中结合课程内容和经费投入状况，在此基础上建立更加完善的创新创业教育评估体系。在评估整体成效环节，为了获取有效的信息数据，可以分段进行主体认知测量，在对整体的成效进行调查时，从宏观和微观两方面着手。

创业主体和教育的分离是高校创新创业教育中不断发生问题的重要原因。这些矛盾问题若要被解决，必须在创新创业教育进程中充分考虑学生的立场，避免教师和学生的单一互动，支持师生双向互动，使教学创业主体更加多元化，使多主体协同发展；应当分析各个主体的需求，建立创新创业教育的利益发展共同体，使多元主体协同发展得以实现。

为了使高校创新创业教育能够顺利运行，政府应当给予相应的制度和政策保障，使供给方面得到落实；高校方面应当不断升级学校的人才培养模式，充分考虑学生的个性进行课程教学体系与方式的设定。教师在进行创新创业教学时，应当与学生进行双向互动，互相学习，共同发展，使学生发挥主观能动性，积极参与创新创业活动，树立正确的创新创业价值观，使自身综合素质得到提高。企业应积极参与创新创业活动，充分发挥创业教育共同体的职能，提高各个主体参与创新创业活动的积极性。

2. 调控机制的协调

高校创新创业培训的跨部门正规化体系必须以强制力的手段为保障。作为两个主要决策者，高校创新创业培训领导部门和专家委员会可以根据相关政策领域划分合作制度。由于决策主体缺乏专门性，不能形成一个连贯的体系，在制度标准上可能存在矛盾，有必要制定合作制度体系。对于制度的实施，应建立监督机制，对各部门以及教育机构有充分的了解，对合作制度的建立，也应有强有力的手段保证其实施。

在跨部门方面，从柔性角度来看，共同的价值观和理论信念是文化交流的出发点和连接点，应制定共同利益的目标。同时，良好的沟通平台以及合作制度能够加强互相之间的沟通交流。有效地定期对话也是创造良好合作氛围的基础，使各部门之间形成默契，加强各部门之间的合作感，形成长期有效的互信感。通过部门合作的交流与互助，为构建共同的文化生态、实现共同的价值目标作出贡献，提高核心力量和凝聚力，帮助高校创新创业培训获得长期发展。

三、创新创业教育机制的根本保障

为了保证创业有关教学活动的顺利开展，需要建立完善的高校创新创业教育协同机制保障体系。其中，驱动机制是关键，运行机制是核心，保障机制是重点，三方面目标一致、联动配合，共同作用于高校创新创业教育人才培养目标的达成，与高校创新创业教育协同机制相适应，保障体系的建立和完善。

（一）制度环境的根本保障

教育环境会间接、潜移默化地影响教育效果，并且能量是巨大的，对于高校创新创业教育机制保障体系而言至关重要。创新创业教育环境是一种价值规范和意识形态，能够被师生所感知，也是一种制度环境，能够促进创新创业教育的发展。学校基础设施是教育环境中的一部分，如图书馆、食堂和教学楼等，还包括建筑风格、绿化设计等学校环境构造和管理制度、发展规划等规章制度、校训校史等精神文化。对创造适合创新创业教育发展的环境进行保护体系建立，是高校创新创业教育制度环境保障体系的本质。

1. 创新创业教育环境的作用

高校创新创业教育的良好环境有许多优势，例如，良好的环境可以使创新创业教育的教学质量和管理效率得到提高，使学生能够积极主动地参与创新创业教育的学习活动，让全校师生能够感受到教育的意识形态，使高校创新创业教育能够顺利进行。

（1）价值引导作用。新鲜的观念和事物更能吸引新生代大学生的注意力，大学生相比其他年龄段的群体，更能快速接受新颖事物和观点。另外，处于青春期的大学生容易受周围环境影响，因此教育环境的引导和教育可以发挥作用，将创新创业的意识形态和价值观念植入环境中，可促使学生建立创新创业的意识，提升学生投入环境中的积极性，这样，创新创业教育的教学成效也得到了提升。为了营造良好的新型创新创业教育制度环境，教师不仅要对自身发展予以重视，还要坚决贯彻学校的相关政策和管理制度，只有这样，才能积极推动创新创业教育活动的开展。此外，在学习过程中可以融入相关的创新创业要素，教师要以创新创业教学为己任，引导学生建立创新创业精神。

（2）目标引导作用。学校活动、校风校训和学校宣传都是教育环境传播影响的途径，高校是活动的组织者，在组织活动时应有明确的目标，融入本校特色和理念。因此，目标的导向可以使学生在教育环境中的意识形态得到改变。如果在高校教育环境中融入目标的引导，且选择以创新创业教育思想观念为本质的目标，师生将会拥有和学校共同的目标，学生和教师在集体中的热情将会被进一步提高。

教育环境一方面可以引导师生的价值观念和目标；另一方面可以凝聚校园共识，凝聚师生精神，促使创新创业教育顺利稳定开展。

2. 创新创业教育的生态环境

物质和精神两个方面都存在于高等学校创新创业教育环境中，教师和学生、教育的形式、方法、过程和内容等受到两个方面的影响，不同的环节之间也存在复杂的关系。对此，学校应全面看待高校创新创业教育的环境保障体系，以内外的双视角看待高等学校创新创业教育环境，将其看作是一种生态系统，并对生态系统的各要素进行关注和分析。

在生态学中，个人和生态要素之间的关系是运动的、有联系的，并非静止孤立的，人无论在哪种生态环境中都会受到环境的影响。这种教育生态系统观点是在教育过程中融入了生态学的概念，教师和学生在环境中处于主体地位，师生会受到生态环境中各生态要素的影响，师生之间还会相互影响，如优良的教育环境能够对人产生积极的影响，同时，教育环境中的其他要素也会受到个人活动与认知的影响。

创新创业教育主体和教育生态环境是高等学校创新创业教育生态系统中的两大组成部分。在创新创业生态系统中，大学生是创新创业教育主体扮演接受者和实施者的角色，其中，高校与创新创业教育相关的教学机构、师资队伍和负责部门等是实施者，创新创业教育的活动、课程和教学计划是实施者在创新创业教育生态环境中的行为；参与创新创业教育培训的学生是环境中的接受者，在种类繁多的教学服务中，学生能够依照需求选择需要的教育服务。

物质环境是创新创业生态环境之一，如基础设施、建筑风格、校园环境等，创业生态环境还包括校园文化、校风校训等精神环境。不同的创新创业主体，如实施者和接受者之间具有紧密的联系，教育管理和教学活动等是连接实施者和接受者的纽带。在这种关系中，实施者将教育服务提供给接受者，接受者将自身的心得反馈给实施者。

紧密连接主体的敏感因子是创新创业教育环境影响主体的主要中介，实施者在这种影响下，会向接受者提供具有差异的教育服务、数量和质量。因此，接受者对实施者教学的评价也会发生变化，而实践是创新创业教育主体对创新创业生态环境进行完善的优良途径。

3. 创新创业教育环境保障体系的构建

高校应当重点建设优良的创新创业教育环境，促进教学成效的提升。创新创业教育体系的协调性是环境保障体系建设的必要条件。实施者和接受者与环境之间具有复杂的关系与作用，促使整个教育环境的稳定协调发展是高校创新创业教育开展的必要途径。综合考虑物质和精神两方面的环境建设，如果过度重视物质而忽视精神，推动教育的动力将会缺失；如果过度重视精神而忽视物质，高校创新创业教育的载体将会缺乏。所以，应当对两者进行协调建设，开展合理的资源配置。

在迎合协调性要求的基础上，提出创新创业教育环境保障体系的构建模式，需要通过环境监测，以教学研究为基础，重点实施资源配置，同时依据相关政策，在高等学校创新创业教育环境保障体系建立时综合考虑物质和精神两方面的需求。物质环境的建设是为了顺利推动创新创业教育，而精神环境的建设是为了获得显著的教育成效。

4. 创新创业教育环境保障体系的要素

必须创建一个能够推动社会进程和学生自身发展的科学、规范的保障体制，以此确保创新创业教育顺利实行和有序开展。建立保障体系是为了促进创新创业科研的进程，同时为创新创业教育指引前进方向，提供改善的办法，确保其继续顺利发展，并在社会上全面推广，让其充分发挥作用，增进社会发展。

（1）政策支撑。政府相关部门作为法规的颁布机构，在高校创新创业教育保障体制中，政府承担引领、支持和激励的功能，高校举办创新创业教育行动，引导学生积极参与，需要有机构法规、各种物质要素、资金和社会服务机构的全力扶持。

第一，政策法规支持。政府相关机构应在全面理解高校创新创业教育后的基础上颁布相关政策法规，达到市场经济的需求，为大学生创新创业创造良好的氛围，而绝不可从增加学生就业方向领会该教育本质。创新创业教育是否能够顺利落实，取决于政府相关政策法规的扶持。对应的创新创业培训指导、政策咨询、持续指导等服务内容需要派遣相关单位承接。政府在政策法规上的全力扶持，为高等学校顺利发展创新创业教育提供保障。为了使创新创业工作任务能够得到完善，应主动依靠政府宏观调控，给予良好的政策环境，以便使创新创业教育蓬勃发展。

例如，出台具备特殊性、全面性和实施性的相关创新创业教育政策。在公共平台公示，梳理出颁布的相关创新创业教育法规，把这些法规放在同一批次，保证政策拥有全面性和连贯性。根据整体情况，相关部门应以出台的政策作为基准，推动迭代创新创业教育相关规定和详细细则。建立创新创业教育法规的监察机制，具体包括两个方面：①依靠丰富的媒体手段传递给大众创新创业教育法规。全面利用互联网、有声平台、纸媒等传媒手段，传播和推荐新出台的创新创业教育政策，通过多媒体扩大传播范围；对于大众感兴趣的相关创新创业教育政策，可邀请专家学者出面深入讲述和详尽解析，使政策内容能够快速、准确、全面地被有关受益者学习。②建立协作运行体制，将高等学校、政府、企业三者紧密联系，确立领导机构负责的政策法规，领导机构作为各个机构的联络纽带，调节各个机构之间的关系，及时监控创新创业教育政策的进展情况，并确保信息反应速度，对于持续完善创新创业教育政策将起到积极作用。

第二，免费培训指导。应呼吁有关单位开展责任培训工作，免费给大学生安排学习场所、加强技能练习、提供法规和技能培训方面的扶持，以此提升大学生的创新创业技能。为了增加大学生创新创业的理论知识并提升大学生的创新创业操作技能，相关部门应定期邀请国内外优秀企业家、高校教授、具有一定经验的人员，担当大学生创新创业指导教师，通过教学、咨询、答疑、案例解析等手段，指导大学生掌握有关创新创业知识和技巧。

第三，经费支持。创新创业教育项目能否良好地开展，受制于初始资金和后续资金是否充足，这是影响其发展的主要因素。由于经费对于落实创新创业教育实行起到重中之重的作用，必须提高创新创业教育的经费输出，建立创业基金。只有带动资金输出，给予大学生相应的贷款额度，扩大贷款的受益人员人数，支持大学生创新创业，让大学生在经费方面减少顾虑。尤其是要加大对高新技术项目的扶持力度，给予他们特别的优待和支撑。

第四，建立创新创业教育中介组织。全力扶助丰富多彩的非营利机构，增强对大学生创新创业教育理论知识的输入。例如，划分出单独的实操基地，为其提供创新创业项目，在政府相关单位和有关教育科研团队带领下，成立有公信力的创新创业教育科研组织，广泛开展创新创业教育研究，在全国各地高校举办创新创业教育项目，为我国创新创业教育的建立提供理论基石。创建自主创新创业民办教育机构，和高等院校联手，实现创新创业教育项目。

为了帮助大学生在创新创业进程中找到相关支持企业、相应资金支持并提供有效的政策法规咨询，政府相关部门应全力推进大学生教育中介机构的构建，创建大学生创新创业实施场地和基地，中介机构也可以为大学生提供政府小额贷款，承担大学生创业贷款担保职责，给高校创新创业教育贡献力量，减少教学压力，这样做既能充分监察教育的实行情况，还能够公证地考核创新创业教育的实践状况。

总之，高校创新创业教育推行的顺利与否，重点在于建立国家创新机制。国家创新机制不仅看重创新的直接影响和作用，而且尤为关注创新机制下新理论的完整迁移。为了能够使高等院校培养出具有全面理论知识并且有丰富的实操技能的学生，必须建立和完善国家创新机制，增强高校和公司的密切合作，重视创业实际操作能力训练，使高校的主导地位得到全面发挥。高等院校在发展创新创业教育上占据主体地位，学校在全面贯彻政府出台的有关政策法规基础上，应针对本校真实情况，建立切合本校发展的举措，为政策能够在本校落地实施提供保障。

在确保创新创业教育质量上，高校应着重推行两个方面：首先，与政府相关部门沟通，颁布有关政策法规。例如，鼓励成绩突出的教师和学生，并对他们开展的创新创业教育理论研究和具体项目进行大力支持。其次，为了能够创造更好的创新创业教育氛围，让大学生能够无后顾之忧地创业，高等院校应及时将创新创业过程中的教育实施进程中遇到的困难汇报给政府机构，能够使政府持续改正和完善创新创业过程中的政策法规。

（2）社会舆论支持。确保创新创业教育的成功实施，创造一个优良的社会氛围必不可少。在培养创新创业人才方面，传统文化具有举足轻重的作用。为创造一个主动进取、鼓励人们创新创业的社会环境，可利用相应的宣传方式，引导社会成员建立人才考核标准，强化创新创业社会理念。要达到全方位推进优秀创新创业氛围的产生效果，必须通过政策法规的颁布，激励大学生创新创业的主动性，维护创新成果，发布创新创业激励政策和人才培养政策。

虽然高等院校和教育单位对于创新创业教育的了解较为深入，但仅有高等院校付诸行动，显然不能够完全推动创新创业教育整体进程。创新创业理论在部分区域发展迅速，但在有的区域创新创业教育仍未开始实行，创新创业教育进程暴露出发展不均衡的态势。因此，为了面向广大社会群众推行创新创业教育，需要建立一个以政府作为核心，主体是高等院校，全体社会积极传播并推行的创新创业教育新形式。

通过使用网络、电视、报纸等传媒手段，让大学生的创新创业主动性得到发挥，在全社会范围内对创新创业产生共同认知，使创新创业教育作为一种义务、高校的责任，为创新创业教育的实施建立良好的氛围和环境，推进创新创业教育的进程。

对于社会而言，应该积极发动社会的中坚力量，吸取优质的社会资源，构建一个对于创新创业教育推进有益的社会氛围。这份工作能否成功推进，与中介机构、企业的联合紧密相关，对此，政府在实施推行有关政策时，应完成如政策引导、咨询等具体的工作内容。

（3）企业合作支持。企业在创新创业教育进程中的作用非常重要。创新创业教育为高校带来更多的就业机会的同时，最终目的是提升大学生自主创业的主动性，提升学生创新创业潜能。理论知识培养和创业实操指导都属于高校创新创业教育范围，其中实操指导是非常重要的一项，这一项的进行需要企业的大力支持。在大学生创新创业教育进程中，企业可以带来方法指引，提供实施场所、资金帮助、项目扶持等。当前，虽然有部分高等院校在创新创业教育进程中得到企业的扶助，但仅局限在经费方面，缺少对于大学生实际实操方面的引导和项目扶持。

如果要推动创新创业教育发展，促进企业效益持续增长，达到互惠互利，企业不仅要在资金方面进行扶持，还要给予实施场所的支持，以及项目方面的指导，全方位帮助高校创新创业教育发展。因此，高等院校与企业之间应该达成长期稳定的合作关系，高校应聘请企业中具有丰富工作经验的人担任兼职教师，为大学生提供创新项目，丰富大学生的创新创业实操水平。此外，为了促进创新创业教育营造优秀氛围，企业可以利用自身宣传功能和社会号召力，转变社会对于大学生创新创业持有的负面看法，使大众转变对于创新创业教育的认知。

（4）家庭支持。家庭在大学生成长中有着举足轻重的影响，对于他们世界观、价值观、人生观的形成起到重要作用，也是大学生经济和精神的支撑。即使学生在创新创业活动中储备了理论知识、拥有创新思维和实操技能，仍需要家庭的全面支持。大学生的家庭背景直接影响其就业观、创新创业素养、自身性格的养成。父母如何看待创新创业项目，学生的就业观念与此呈正相关关系。如果家庭对于创新创业持正面态度，应给予适当激励，学生的创新创业主动性会提高。对此，高校应全面利用家庭在教育中产生的作用，积极与家庭进行良好交流，争取家庭对于学校创新创业教育活动的支持。

家长对于学生创业的观点主要有两点：首先，传统观念的深刻影响，父母希望自己的儿女能够拥有一份稳定的工作；其次，对于一般家庭而言，创新创业经费让家庭整体压力倍增。基于家长的顾虑，高校应联合相关部门，并和教师和学生家长进行深入交流，将创新创业政策的优势传达给家长，让家长消除顾虑，认同大学生不仅是应聘者，同时也可以成为就业岗位的发起者，赞同并主动配合学校开展创新创业教育活动，从而打造顺应时代发展的家庭环境。

政府相关部门和学校应互相配合，积极与学生家长进行沟通交流，对学生家长进行培训，传递有效、积极的教育方法，使高校创新创业教育能够与家庭教育齐头并进；通过为大学生和家长提供创业小额贷款办理业务，获得大学生家长的配合和认同，从而推动创新创业教育的成功推行。

总之，建立创新创业教育保障机制，需要通过政府指引，将高校作为实施主体，全社会主动参与，联合企业扶持，家庭大力配合，才能够顺利构建。再通过网络、电视、报纸等媒体进行广泛推广，配合社会各界的努力，推动创新创业教育进程，将我国创新创业教育提升到一个新高度，进而推动社会主义市场经济的全面进步。

（二）教育队伍的根本保障

教师在创新创业教育体系中一直被看作核心，即教育活动的主体，是因为教师担负着人才培养的重要任务。同时，教师队伍的整体素质水平在一定程度上，可以代表国家或者某一地区的教育水平，能够反映教育现状，如果教师队伍的相关素质不能够达到较高水平，最终呈现出来的教育结果也不会尽如人意。因此，在创新创业教育活动开展的过程中，教师队伍质量是创新创业教育能否顺利开展的关键。

要实现创新创业教育活动的顺利开展，必须组建一支既具备坚实的专业课知识基础，又具备一定创新创业思维的教师队伍，还需要拥有大量的实践经验，从而更好地推进创新创业教学活动的开展。同时，借鉴国内外创新创业教学活动经验，立足于创新创业教育活动发展现状，可从以下方面推进相关教师队伍素质水平的提升。

1. 制定教师聘用条件

高校需要选择教学水平高、具备创新思维以及相关实践经验的教师，设立高标准的教师准入规定，在注重理论创新教育的同时，将创新实践提到一个更高的层次，既考察教师的相关思维能力以及专业知识储备，还要考察教师的基本师德素养，从而组建起一支质量高、素养高的教师队伍。

2. 优化教师团队结构

首先，学校应该提升对于相关教育活动的重视度，构建起相关教师的培训机制，鼓励教师参加相关培训活动，促使教师获得相关的实践经验，从而打造出一支优秀的创新创业教育师资队伍；其次，高校应该优化配置学校的专业教师资源，保证创新创业教育的教师队伍是由不同专业的高质量水平教师组成，其专业知识之间相辅相成，既保证教师队伍授课结构的科学化，也保证高水平教师的培养。

在选拔优秀教师的过程中，高校应该建立严格的选拔制度，以此为依据，选拔出一批教学水平高、师资素养好的年轻优秀教师。与此同时，组建一批实践经验丰富的兼职队伍，成员可以是成功的创业者、风险投资员、企业职员等。两支队伍相辅相成、互相协作，既保证年轻教师队伍创新水平的提高，也能够保证学生获得相应的实践经验，为相关教育提供全面帮助。

3.制定师资培训制度

组建一支优秀的教师队伍的唯一方法是挑选和培训优秀的教师。如果要培养一批具备相关素质的人才，教师必须拥有丰富的创新创业经验，为了实现该目标，可以从两个方面着手：一方面，鼓励教师积极参与创新创业实践活动，能够更好地把握创新创业在社会实际发展过程中的真实情况；另一方面，高校应该积极开展相关的教育实践活动，加强本校教师队伍与国内外优秀教师队伍之间的交流和学习。

（1）扩展创新创业教育教师的培训途径。如果要提高教师队伍的专业素质水平，必须保证教师队伍中每个教师都参与相关的教育教学活动培训。只有提高教师队伍的素质水平，才能够保证创新创业教育活动顺利开展。目前，对于参与创新创业教育活动的教师培育方式较少，但是参与该教育活动中的教师数量却在不断增加，因此，拓展创新创业教育活动相关教师队伍的培训途径至关重要。

（2）增大培训强度，提升师资队伍的整体质量。开展创新创业教育活动，在一定程度上有利于提升学生的综合素质水平，但是活动的开展离不开相关专业教师的教学。由于创新创业专业的教师较少，必须加大对参与该教学活动中教师的培训力度，保证每一位教师都能够接受相关培训，并且从中获得新的教育灵感，提升相关教师队伍的整体质量水平。

4.建立教师考评体制

教师考评制度的建立和完善是教师教育教学工作至关重要的一步。教师考评制度对教师的实效工作具有一定影响，既是学校管理的重要环节，也是教师团队教学质量得到稳步提升的有效推动力。该制度可以从多个方面评价教师的教学工作，既完善了教师教育教学工作的评价导向，也切实保障每位教师的才能得到显露和发挥。同时，建立相关制度，能够激励教师的教学主动性以及思维创造性，从而使相关教师具备大量的创新创业实践经验以及创新思维，保证创新创业教育活动的开展。创新创业教育在一定程度上贯穿大学教育的始终，既要保证学生的创新思维能力得到提升，也要保证学生具备一定的创新创业水平。

（三）质量管理的根本保障

对于高校，努力提升教育质量是教育改革发展的重要目标。高等院校需要对大学创新创业教育品质开展深入评价和分析，以便构建行政和学术系统下的教育质量保障系统。大学创新创业教育品质监督支撑机制的建立，最重要的部分是创建创新创业教育品质考核机制。为了能够提升教学品质，不仅要将增强创新创业教育评测作为创新创业教育品质监督支撑机制，也要定时评测高等学校创新创业教育管理情况和传授效果，实时监督并对其开展的状况实行测评。

1. 组织评估

学校对于创新创业教育的关注程度和各部分投入状况，是高等院校创新创业教育机构情况的评判方向，促进教育整改和提升教育品质的首要任务是考评院校创新创业教育指导机构的状况。制定有效的考评标准是评判创新创业教育指导机构状况的重中之重。常规来看，评测指标的选取可以按照投入、流程和结果划分。

针对投入部分的评测，涉及创新创业教育不同部分的投入情况，其中涵盖法规支撑、教师师资配比、金钱付出、管控人员的数量、场地搭建等；流程部分，考评重点在于创新创业教育详尽的课程设置、教学方法、教学服务保障、组织管理等；成果部分，考评侧重考核学生理论分数、技能掌握情况、实际操作等部分。针对高等院校创新创业教育机构现状的评测集中在高等院校创新创业教育的关注度和整体付出情况上，因此可选取以下方面作为考评标准：

（1）政策保障方面。高等院校对于创新创业教育的行政和学术方面的扶持是政府政策支撑的当前发展形势。行政方面体现在，创新创业教育工作面临的困难和相关任务，是否通过高校领导带领的创新创业教育指导团队快速解决；学术方面体现在，创新创业教育理论探究的奖励机制和创新创业教育领导班子是否已敲定，并以此作为创业教学质量提升的坚定政治根基。

（2）教师队伍投入。教师团队状况不仅体现在院校创新创业教育全职教师和兼职教师的人数上，优秀教师在全体教师中的占比也十分重要。通过教师人员数量，可以了解到高校开展创新创业课程的数量，而拥有博士学位和正、副教授比例的教师人数也是教师队伍情况的重要体现。

（3）资金投入。资金投入是创新创业教育是否可以顺利落实的核心。创新创业教育研究资金是基本经济投入，创新创业举办指导活动需要经济支持作为主体经济投入，两部分的投入共同构成高等院校创新创业教育资金。其中，举行教学活动的资金不仅涵盖主修课程和隐藏课程组织开展的经济支撑，也涵盖优秀人员培养的费用。例如，给予优秀学生参与创业实操比赛资金方面的补助，给予一定创业研究项目补助等。

（4）基地建设投入。创新创业教育学术探寻基地和实操培养基地，共同构成基地建设。理论研究基地是学生研究理论的重要场所，集中构建在校园内部，以便学生在校内学习理论知识。实践锻炼基地通过高校和政府共同组织，建立在校外，为有创业想法的学生提供实践锻炼的场所。基地建设投入的考核有两个指标：一是软件指标，指基地拥有的学术教师和实操培训教师；二是硬件指标，指创业教育基地自身数量和整个基地能够承接的学生数量等。

（5）管理人员投入。教学教师之外的全部人员都属于创新创业教育管理人员，他们的主要工作内容包括对于组织管理人员投入状况的评测等一系列和隐形课程有关的工作，其中考核包括成立单独创新创业教育监管团队，用于把控创新创业教育人员数量等。

（6）教育课程安排方面。创新创业教育显性课业在高校中涵盖必修课、大学选修课和辅修课，通过学习，学生能够掌握创新创业教育的初级学术理论及专业课程、思想道德教育、通识课程等教学内容。

隐性课程与显性课程相比，在创新创业教育中有两个明显差别：①形式更为丰富，显性课程以教室内学习为主，隐性课程更善于利用室外形式，通过学生参与，不仅使大学生能够掌握创新创业相关知识，更能提升创新创业实操技能；②更为放松的学习过程，将创新创业理论和实际操作技能等融入现实情境中，借由活动形式呈现，在愉悦自在的氛围下，大学生能够从中得到启示，提升学生创新创业学习的主动性。隐性课程也是考核教育课程安排的一部分。

2. 效果评估

大学创新创业教育的教学成果体现在所有举办的教学活动是否实现了教育目的、实施到哪个阶段。简单而言，通过比较参与创新创业教育的学生和没有参与的学生，对于创新创业的认知、主动性和能力方面的强弱，可以作为评判教学成果的标准。因此，大学生创新创业教育教学成果与创新创业教育目的需要一一对应。

创新创业意愿能够反映大学生对于创新创业的主动性强弱，本身代表学生是否有创新创业意识的自我行为。高等院校的创新创业教育是为了让学生形成良好的价值观、加强学生创新创业主动性，并且让学生自信地参加实践创业活动。让大学生具备创造性、拥有主动创业想法的教育，与当前高等教学体系的专业教育完全相异。针对大学生养成主动性、创造性观念的前提是教导他们养成创新创业积极自主的意愿，让大学生确立自身主导地位，激发他们全面展现自身积极性和潜能，从而提高自我价值，使他们能够得到明显的进步和长足发展。

自我效能感是每个人对于自身的一项任务达成与否的评估和判断，普遍适用于各类范畴，只是在各种范畴内的意义有所差异。自我效能感在创新创业范畴中的意义在于，个人对自身能否达成创新创业目的的评判，表现出个人对自身创新创业潜能的认同程度。通过评估自身创新创业意愿，从中表现出自身对于创新创业潜能的认可度以及创新创业带来的自我效能感，能够看出大学生对于创新创业具备的技能和主动性，进而展现出创新创业教育教学的成果。从性别、年龄等基础变量对参与创新创业教育相关课程的学生评测结果进行差别分析，目的是探寻大学生在创新创业教育课程中的学习情况，对各个年级、年龄、家庭环境和背景、专业、性别进行研究分析，通过数据分析后，对各类学生采取差异化定制创新创业教育形式。

第三节　高校大学生创新创业教育实效性分析

一、大学生创新创业教育实效性的认知

实效性是指事物所固有的本质属性，是指人们在生活实践中对实效的认识和把握，但由于人们所处的环境和地位的不同，往往对实效性的定义也是不同的，主要有两类不同观点：第一，学科实效性主要是指方法的可操作性，在实践中的可行性，产生良好结果的可靠性。第二，实效性的内涵是指具体反映人们在日常活动的空间过程结束教育的实际成效。换言之，教育主体的预期，通过一定的环境和中间环节，与教育客体在结果上达到一种真实有效的符合程度。这种符合程度上的衡量结果，是教育实际成效的质和量作为内在规定性的外在表现或反映，即通常语境条件下的所谓实效性。

综上所述，学生从不同的角度来理解实效性问题，这是出于人们在实践基础上对于事物本质的规定和人们的实践性所决定的。因此，把握创新创业教育的实效性，除了实效本身内在的规定性及其属性外，还应该根据创新创业教育的不同特性来确定，这种本质属性是由实效本身的质的规定及其属性和人们的实践性来决定的。当前，"为缓解当前就业压力，解决大学毕业生的就业难问题，'以创业带动就业'已经成了重要途径与手段，这不仅可以缓解社会的就业压力，还能给当前的经济发展带来新的活力和动力。因此，

如何进行创新创业教育、切实增强大学生创新创业教育的实效性就成为一个亟待解决的现实课题。"❶

从目的方面看，创新创业教育实效性的表现形式是多种多样的，人们可以从不同的角度和方面来把握。首先，人们的目的不同。当人们的实践行为出于不同的目的时，就会出现不同的判断标准，所以，提高创新创业教育的实效性就需要有针对性。其次，人们为了不同的实践需要去认识和区别事物，创新创业教育的实践形式多元化也就决定人们会从不同的方面去把握和处理事物。

从过程方面来看，实效性是动态的，因此在关注创新创业教育实效的过程中不仅要关心影响创新创业教育实效性的因素，还应该将影响实效的各种因素联系起来，使它们之间相互联系相互作用。另外，实效性还表现在时间方面，创新创业教育实效性需要一个完整的时间过程，事物的实效性必然要通过一定的时间来实现，并且在实践过程中实效性的影响因素也在不停地变化中，这就是创新创业教育实效性要不断增强的原因之一。

二、大学生创新创业教育的实效

创新创业教育作为大学人才培养模式的新追求和新探索，创新和发展是高等教育积极响应和适应时代需求的基础。开展创新创业教育多年来，通过一系列重要举措，如举办创业大赛、加强创新创收实践活动，使得创新创业教育改革获得了极大的效果。另外，把创新创业教育融入高等教育每个环节中和人才全面培养的全过程，可以在这两个环节中实现人才培养方式的转变。这种转变主要体现在两个方面：首先，就业教育向创新创业教育的转变，通过创新引领创业，通过创业促进就业，以达到大学毕业生形成高校毕业生更高质量更符合社会发展要求的创业就业新局面；其次，改变现有的人

---

❶ 丁亿.增强大学生创新创业教育实效性研究[D].哈尔滨：东北林业大学，2020：4.

才培养机制，创新创业教育能够在原有的基础上通过打破专业学科、企业学校之间的障碍，产生令人满意的融合效果，实现了大学生综合素质的真正提升，也促进了高校与企业之间的共同发展。

（一）提高学生的综合素质

创新创业教育是时代进步和教育理论结合的新型教育，分为理论教育和实践教育两个方面，大学生通过对创新创业教育的学习可以使自身的素质得到提高。新时代对人才的要求是全面的，大学生毕业步入社会后需要尽快适应身份的转变，提升人际交往能力和沟通协调的能力。而创新创业教育的开展有利于对大学生在这方面的培养。综合素质包括德、智、体、美、劳等方面的内容，通过创新创业教育特有的可操作的实践形式，能够让大学生从中得到学习和锻炼。综合素质的高低是衡量大学生培养是否成功的关键点，通过创新创业教育已经让大学生认识到了创新创业的重要性和自我素质提高的必要性。创新创业教育也包括对大学生的创新创业价值观教育和创新精神的教育，在这样的教育下，大学生形成的价值观能够更加健康向上，更加符合社会的发展方向，同时对以后的学习和生活都是十分有利的。

创新创业教育将社会对人才的需求与高校的教育结合在一起，通过这样的方式向学生输送关于创新创业的知识和创新创业的形式，让学生能够及时了解国家的政策导向和时事，从而增强大学生对社会的认同感和对新事物的接受程度。紧密地将思想和社会实际联系在一起，以具体情况为基础，不断锻炼和丰富自身的素质，以适应社会发展的速度。

（二）创新人才的培养方式

当代大学生很多人都怀有创业的理想，在这样的实际情况下，高校及时给予学生指导，开展的思想政治教育引导大学生树立科学正确价值观，通过对有关基础课程的学习，大学生对事物的认识也的确得到了提升。例如，在形式政策课中，通过解读国家政策和近年的国家国际形势，让大学生的视野逐渐开阔起来，更关心国家大事。创新创业教育就是时代的产物，经过形式政策课程的学习，能够让大学生对创新创业教育有一个更为深切的感受。而这样直观的感受使大学生具有能够独立自主的思考能力和冷静客观的判断能力。同时，它还可以让大学生形成紧跟形式、抓住机遇的精神，从而培养出符合国家需要的创新创业型人才。

创新创业教育将大学生富有个性又渴望得到社会认可的特点与教学紧密结合起来，使大学生的主观能动性得到极大的激发。创新创业教育是一种实用性很强的教育形式，这种特性让创新创业教育本身更加贴近生活和大学生的实际需求，将大学生的就业需求纳入相关课程中去，增添了教育内容的吸引力，通过对教学环节的合理设置，更能够将理论与实践经验结合起来，为大学生在创新创业教育课程中寻找新的教学方法和途径。

（三）拓宽大学生就业渠道

创新创业教育为大学生的自主创业提供发展的基础和思路，让大学生能够实现就业多元化选择。创新创业教育的开展，是历史和人民的选择，符合社会发展的客观规律，为解决社会实际问题提供了思路和方法。同时还在思想层面转变了传统的就业观和择业观，促使人们解放思想，能够做到与时俱进，在缓解社会的就业压力的同时也拓宽了大学生的就业渠道。

三、增强大学生创新创业教育实效性的对策

（一）引导大学生树立创新型人才成长目标

加强大学生对新时代人才需求的认识，正确把握新时代大学生的思想脉搏，才能找准切入点，充分了解创新创业发展对人才的需求并在此基础上对大学生进行教育，才能够更好地引导大学生树立成才目标。

1. 引导大学生明确成才目标

不同的时代对人才的要求是不一样的，时代标准的不同导致大学生的成长成才目标也是不一样的。例如，根据《国家中长期人才发展规划纲要》内容对人才进行定义，人才在广义范围是指劳动者，这一类型的劳动者必须要

拥有专业的知识和技能，能够进行创造性劳动，通过自身的努力为社会的发展做出贡献。此外，人才的培养是全方面的，并不只是知识技能的训练和提高，还要包括高尚的品德思想和优秀的人格。如何更好地帮助大学生树立正确的成才目标，应该从以下方面着手：

第一，把握好思想政治导向，多方式、多渠道地将正确的政治导向传播给大学生，帮助大学生提升思想和政治觉悟，向大学生灌输正确的政治导向，提高大学生的政治觉悟并完善其道德品质的建设，使其形成符合社会主流的正确"三观"。

第二，把握好知识导向。知识的更新和时代的变革是不能分开的，因此引导大学生看清实际情况抓住时机，不断丰富自身的学习和对专业领域知识的了解，时刻关注专业领域的新发展、新动态，关注政府国家的新政策，经过不断学习全方位掌握自己的专业知识，并在学习的过程中注意理论与实践的结合，加强实践操作能力，将自身所学的知识能够在实际生活中得到应用。

为了让大学生更好地实现成才目标，这就需要大学生不断提高自己的能力，例如，运用知识的能力。通过在校学习，大学生大部分都能掌握基本的专业知识，拥有一定的理论基础，但缺乏实践。因此，大学生在校期间应注重运用知识能力的培养，多参加创新创业的实践活动，在活动中将已有理论知识与实际结合起来，不断积累经验，这样在毕业后才能更好地适应社会需求，更好地实现自我价值。保持持续学习能力。大学生在学习阶段知识结构和内容都不均衡，而目前我国高校虽然已经进行了教育教学改革，但对学生自主学习能力的培养还是不够重视，导致学生的自主学习能力整体较差，进入工作岗位后经常会遇到没有学过的知识，接受程度就比较差。这就要求大学生要提高学习能力，将自身所学知识与工作迅速融合起来，更好地完成工作任务。信息时代要求大学生不断学习，以更新知识内容丰富知识结构，这既是企业创新和发展的重要因素，也是创新型社会对人才的要求。

第三，把握好行为导向。主要包括引导大学生树立坚定的理想信念，有明辨是非的能力，在复杂的社会环境中能够认清积极向上的正能量和培养健康高雅的情趣；不断加固自身的思想防线，防止不良思想的影响；加强思想道德修养，保障思想正直。同时，还应该积极引导大学生在生活中要自觉以正确的行为规范来约束自身行为，坚持优良的道德传统和情操，为保持良好品行守住道德的底线。

2.引导大学生加强社会锻炼

与其他传统的理论课教学不同的是创新创业教育在说教的基础上更加注重实践。创新创业教育是一种实践性很强的教育形式。针对创新创业教育的这一特点，要求教育学生要学好专业知识的同时，还要不断地提高其创新创业的精神和能力，为了保证大学生融入社会发展中，还应积极鼓励他们致力于社会的实践。大学生是我国建设创新型国家的希望，也是人才强国战略的重要因素。此外，要想让大学生的创新意识、创业能力得到普遍的提高，就要将大学生的创新思维与社会实践紧密地结合起来。因此在对大学生进行成才教育时，要克服片面的实用主义教育观。

（1）积极进行教学模式改革。把握学科的前沿知识，努力将最新的科研成果贯穿到教育教学的始终，让学生了解专业的前沿知识，改变现有的教学方式，以学生为主体，培养大学生养成自主学习和独立思考的能力。充分利用多样化的教育教学形式和手段，如将实际情景导入教学环节中或者鼓励参加模拟实际教学形式或者案例对比分析教学形式等。经过多种教学方式和手段的变化，实现增强学生学习的兴趣和提高学习感悟的目的。教学模式的改革中要重视学生对专业知识的理解和思想感悟，努力让学生实现自身能力的提高。

（2）不断加强教育的实践环节。要积极开展教育教学的相关实践活动，如建立长期稳定的实训基地和实习场所，通过既定的教育教学计划，安排学生有目的、有组织地进行专业技能的实际操作与训练，让学生能够在实践中主动将理论知识转化为生产力；还可以充分利用现存的资源搭建平台，让学生参与具体的项目，不断积累经验，树立大学生的创新精神和能力。成长在新时代的当代大学生，由于各方面条件比较优越，因此容易出现承受能力较弱、过分注重个人利益和不服从管理等问题。但现代企业需要能够踏实工作和敬业上进的员工，所以高校应加强对大学生社会生存观和价值观的教育，以便学生能更好地适应社会生活。在创新创业教育中大学生应注重培养自己踏实敬业的能力，合理有效地利用创新创业课程提供的资源，积极学习并主动参与团队合作项目。高校成长对大学生成才的教育培养，要按照党和国家的教育方针进行，并结合高校自身的实际情况，以人为本，更新思路，实现人才的高素质养成。

3. 引导大学生认知成才价值

正确处理全面发展与个性发展是解决大学生对成才价值认知的关键，也就是怎样看待个人利益与集体利益关系的问题。引导大学生对成才价值的认识，就要注意区分全面和个体。另外，当代大学生应该努力将自身的价值与社会价值结合起来，使两者保持既辩证又统一的关系，这不仅是国家发展的需要同时也是人类进步的必然要求。大学生要清楚地认识到个体的价值必须要在一定的社会关系中才能得以实现，但由于社会关系的原因，主体发展的需求就必须在社会关系的支持下转变为现实。

与社会价值的统一和实现。通过大学生创新创业教育，大学生能够将自身的个体价值转化为实际的行动，在具体的社会生活中体现出来，也就是实现了自己的个体价值。大学生在进入社会后，会与他人形成比较和竞争的关系，在处理这些关系时，大学生可以正确面对在这些关系中的利己利他的问题和差异性一致性的问题。在良好道德规范中严格要求自己，自觉承担起应尽的社会责任，实现有意义的人生。随着社会的进步与发展，越来越多的人注重"软实力"，对于大学生而言，合作沟通的能力就是众多"软实力"中最为重要的。它不仅是个人能力的体现，同时还是企业和团队合作中的重点。通常在企业中大部分项目都是由团队合作完成的，这就要求每个团队成员具备团队意识和良好的合作沟通能力，以保证问题的顺利解决和整个项目的完成。在创新创业教育的实践环节中，学生的合作沟通能力能够得到锻炼和提升，这为大学生日后发展奠定了坚实的基础。

（二）推动思想政治教育对创新创业教育的价值引领

思想政治课在高校教育理论课中占有重要的位置，它不仅能在现实中解决大学生的困惑，还能帮助大学生树立正确的人生观和价值观，这对大学生的成长成才起到了关键作用，同时在创新创业教育中也起到不容忽视的价值引领作用。

1. 以思想政治教育主导创新创业教育的发展

核心价值观的提出在一定程度上回避了创新创业教育价值观引领上的照搬照抄，对创新创业起到了主导作用。实现中华民族的伟大复兴就要求我们要符合历史的发展潮流，努力建设创新型国家，这就对人才的培养提出了新的要求。大学生作为国家发展的中坚力量，他们的价值选择直接影响着国家的兴衰。因此，大学生创新创业教育必须符合国家的整体发展方向，在社会主义核心价值观的引导下，通过多种教育载体，将创新创业的精神向大学生输送，使他们能充分认识到创新创业的必要性和现实性。

创新驱动的发展战略出现在经济新常态条件下，创新创业教育的出现符合思想政治教育的时代性，也能适应社会发展的基本理念。与创新创业教育的目标相同，高校的思想政治教育也是为了培养大学生树立高尚的思想道德素质和远大的理想信念，二者都是为了实现人自由而全面的发展。社会主义核心价值观是思想政治教育的基础，而社会主义核心价值观主导了创新创业教育的发展方向。社会主义核心价值观从国家、社会、个人三个层面概括了我国社会的价值观念标准，高校开展创新创业教育必须在思想政治教育价值的引领下进行，这样不仅能够保证创新创业教育的发展方向，同时还能够增加大学生创新创业的成就感和使命感。通过思想教育对大学生创新创业的引领让创新创业为社会主义核心价值观的践行提供了平台，也让大学生更容易理解和接受。

2. 以思想政治教育引领创新创业教育的内容

创新创业教育在内容上和思想政治教育有共通之处。例如，高校思想政治教育中关于职业道德的教育、大学生心理健康、形势政策课程以及理想信念教育等，这些课程的开设都是为了能够有效地帮助大学生健全人格品质，提高思想政治觉悟，强化社会责任感和服务意识，形成符合自身发展和社会发展的远大理想，形成积极健康的心理和完善的人格。在创新创业教育过程中，从个体价值出发，注重引导学生树立正确的价值观念，能够激发学生在实践过程中不断提升和实现自我价值。从社会价值出发，大学生能够在实践环节中适应职业发展和要求，不断调整和完善自身，进一步丰富和借鉴他人经验，为创新创业奠定基础，同时也培养了良好的职业道德和品质。结合实际情况和社会需求，积极引导大学生形成合理的价值观念。

（1）创业观教育。创业观是大学生创新创业教育的重要内容。世界观、人生观和价值观从根本上指导了人一切的外在行为。一个拥有正确积极的世界观、人生观和价值观的人，一定会对他的目标付出艰苦卓绝的努力。要使大学生拥有正确的创业观，就要在对他们进行创新创业价值观教育的过程中结合创新型国家建设的需要，使他们明白自己可能在创业过程中遇到的困难和挑战，使他们勇于开拓创新，找到新的发展思路。所以，在对大学生进行创新创业教育价值观教学的时候，应该积极借助各种手段，使大学生在创新创业的过程中，不断做出既符合个人追求也符合社会追求的选择。在发展自身的同时，也不忘建设社会主义的伟大使命。

良好的创业心理素质也是增强大学生创新创业教育实效性的重要内容。所以在教学过程中，不能只向学生展示成功的创业案例，更应该带领他们对一些经典的失败案例进行分析，分析失败的原因，并从中吸取宝贵的经验教训。在这个过程中，也使大学生意识到，创新创业的道路可能并不是一帆风顺的，很大可能会遇到大的风险和挑战。对大学生创新创业培育的一部分目的就是使他们拥有良好的心理素质，既要锐意进取、志存高远，在创业的过程中不遗余力地发挥自己的才能才干。同时，在面临失败和打击时，也要拥有强大的心理素质去承担风险和责任，养成屡败屡战的坚忍的精神。所以在对大学生进行创新创业教育时，切不可忽视对他们心理素质的培养。

（2）职业道德教育。对大学生进行的职业道德教育也是创新创业价值教育必不可少的内容。职业道德是指人在劳动的过程中应该遵守的准则和规范，遵守诚实守信、爱岗敬业、服务人民等职业道德是每个公民的基本素质。目前来看，在对大学生进行的创新创业价值教育的课程中，职业道德的教育非常重要。在过去的思想政治教育的课程中，理论说教的内容与现实严重脱节，也有一定的滞后性。所以在创新创业教育中，应该加强对他们自律意识的培养，使他们改善自律意识差、缺乏社会责任感的现状。在创新创业的价值教育中，应该引导学生树立远大的职业理想，养成良好的职业习惯，具备良好的职业道德，这正是大学生创新创业价值教育的重要内容。

（3）理想信念教育。理想信念教育同样应该是大学生创新创业教育的重要内容，是增强创新创业教育实效性不可忽视的问题。大学生只有拥有崇高的理想和坚定的信念，才能在创新创业的活动中目标明确，并为了实现目标而付出长久的努力。人的理想可以包括社会、生活和创业理想等，而创业理想的成功也有助于社会理想和生活理想的实现。对大学生进行创新创业价值观教育时，同样应该包含对理想信念的教育，应该引导大学生找到明确的创新创业方向，找到适合自己的创业思路。在这个过程中还要帮助他们不断地完善自身的素质，在创业中充分地发挥自己的能力，找准自己的兴趣所在。所以，在创新创业价值观培育的课程中，创新创业理想信念的教育一定是必不可少的存在。

3. 以思想政治教育丰富创新创业教育的模式

创新创业教育可以最大限度挖掘思想政治教育的育人功能，将实践能力放在学生培养的首位，把社会价值和大学生的个人价值放在一起统一起来，并联系社会的发展方向使创新创业教育成为思想政治教育的新载体。

（1）课程主渠道载体。创新创业教育是为了提高学生创新精神和创业能力设置的课程，目前全国各高校都开展了关于创新创业的选修课或是必修课。但从整体来看，目前的课程设置还不足以实现创新创业教育的实质和目的，还不足以全面提高大学生的创业能力和创业素质。创新创业教育还需要一系列的专业课程以及基础课程，这样才能引导大学生树立创新创业的观念，提高大学生的创业素质。例如，目前高校思想政治理论课中的基础课程以思想道德修养与法律为基础，积极倡导正确的价值观念，引导大学生树立符合社会主流思想的道德品质，为大学生树立正确的创业理想和选择奠定了理论基础。高校的专业教育是学生学习专业技能、提升专业能力的主要方式和途径，通过对专业课程的学习，可以进一步激发学生对本专业的兴趣和职业认同感，能够积极了解行业动态，树立积极的行业精神。对本专业的深入研究能够为大学生提供更多的思路和知识积累，进而提高创新能力和创业素质。

（2）实践活动载体。创新创业教育最有效的载体就是实践活动，所以必须在实践中不断摸索，合理地进行规划，有计划地实施，逐步提高创新创业技能与知识积累。创新创业教育的实践活动目前来看比较单一，主要为创新创业大赛和创业园项目等，除此之外，创新创业的实践活动更要和思想政治教育的实践活动紧密地结合起来。例如，开展以"创新创业"为主题的班会或辩论赛，让学生充分参与其中，从多个角度了解创新创业；考察参观创业成功的企业，与成功的企业家交谈，能够让学生对创新创业有更深层次的了解，并能从中吸取经验。通过多种实践方式，让大学生获得丰富的情感体验，树立起积极进取和敢于担当的社会责任感；了解创业的艰难困苦，感受企业文化带来的影响，并经过自身的实际体验做出有力的调整。

（3）网络教育载体。新媒体技术的出现，让网络成为新兴的教育阵地。

目前，高校的思想政治教育也已经开始向网络思想政治教育模式转化，它的主要教育内容体现在大学生成长成才过程中的价值引领上，大学生在遇到难题时大部分都会进行网络搜索，对创新创业教育更是如此。创新创业已经成为时代发展的选择，与大学生的发展切实相关，因此网络思想政治教育也必须在创新创业教育的内容上给予回应，利用丰富的载体形式，积极有效地传递信息，同时还应注意进行价值引导和渗透，促使大学生树立正确合适的目标，在个人的发展中融入社会主义核心价值观要求，实现线上与线下的同步。在对大学生进行创新创业教育时，可以充分利用新媒体的技术。新媒体的出现颠覆了传统的信息传播方式，改变了人们获取知识信息的渠道，在不知不觉中影响着人们的价值观念、行为方式和思维方式。所以在对大学生进行创新创业教育时要及时充分地发挥新媒体传播的优势，引导大学生形成对创新创业的正确认识和理解，注重创新意识和创业能力的提升与养成。

网络创业模拟是通过课堂教学和网上互动的形式，将理论知识和创业的实践操作环节结合起来的一个网络在线教育平台。这个平台可以为学生提供一个在课堂外学习和实践的场所，在这样的平台中，学生可以不受时空限制，满足个性化学习的需求。现阶段，网络虚拟教育平台在创新创业实践上已经取得了一些成果，但是还有很多不足之处。例如，网上的虚拟平台并不能模拟创新创业中的风险。所以我们在利用网络对学生进行创业模拟教育的同时，也要为两个方面做好准备工作：①将风险意识教育放在重要位置，加强学生的理解，帮助大学生在创新创业过程中树立较强的防范风险的意识；②考虑各种实际因素。这样才能更好地培训学生的创业思维和自主学习的能力，使创新创业实践的教育更加有效。

（三）加强创新创业教育产学研协同育人的实践教学

1. 完善协同育人的教育理念

（1）高校应该提高对学校和企业合作重要性的认识，把学校和企业的合作作为学校发展中非常重要的问题来看待。

（2）企业必须提高对学校和企业协同教育的重要性的意识。第一，企业承担社会责任。企业与大学合作能够提高人才的培养质量，向社会提供行业急需的专业技能。第二，企业可以使用学校和企业的协同育人方案，调整企业和行业的人才培训方案，培养企业所需的具有高技能的人才。第三，企业在人才培养过程中发现优秀人才，可以提前优先录用优秀人才。

（3）相关政府部门也需要增强意识。政府应该认识到，学校和企业的协同教育不仅对高校教育的发展很重要，还关系到学生就业水平的改善和社会就业压力的缓和。政府应该采取有效措施，促进学校和企业之间的紧密合作。

2. 创建协同育人的教育平台

创新创业教育注重对大学生实践能力的培养，虽然它和其他的教育课程一样，更多的是以观念教育为主，但它最大的不同就在于创新创业教育本身有很强的实践性，因此需要多样的实践平台来实现创新创业教育。在实践教学中，可以在提升学生的创业能力、创业意识和创新精神的同时，又可以让大学生深入了解创新创业教育，从而增强其针对性和实践性。因此搭建协同育人的教育平台，不仅能够让创新创业教育充分发挥其原有的价值，更能够调动政府、企业和高校等多方力量为创新创业的发展提供更为广阔的舞台，让大学生通过实践环节对知识的应用，加深对专业知识的理解。创新创业课程虽然属于公共课程，但与专业知识和个人经验的结合能够促进大学生综合素质的进步，提高其解决现实问题的能力。

目前，创新创业教育实践课的主要内容是以加强创新创业技能训练为主，只是停留在操作和技能层面，缺乏实用系统的实用课程和良好的评价系统，无法将理论课程与实践课程有机地结合起来，而且缺少先进的教学方法和高品质的优秀教材。当前创新创业教育的实践体系还不完善，这主要是由于教育方法的不足，教育环境或设备、资金和教师的有限，这些因素导致课程无法达到预期的结果。考虑到这一点，应该基于学校外实践基础的扩大、教育理论的渐进改善以及专业教育的紧密结合，以实现社会资源的进一步整合，为学生建立就业和创业的活动基地、创业园和创新基地，建立一个实用和系统的教育体系。

例如，创新创业活动的一个重要实践平台——创新创业工作室，工作室的技术支持一般是来自学校的老师，本行业的专业人士可以担任顾问的工作，学生也可以参与工作室的业务。这种模式下，工作室既可以帮助学生完成与教学相关的实训实习的任务，还能够让学生通过参与工作提高创新创业的综合能力，给以后参加工作奠定基础。创新创业工作室一般都是在校外拥有专门的场所，学校在教学过程中进行理论知识的教育和思想品质的教育，学生承担参与和执行的角色。一般而言，综合素质比较高的同学可能会被留在工作室继续进行创业活动，即使不能留下，在实验室中经历过创新创业实践的培训，也会对自己的职业生涯有更清晰的规划。

3. 优化协同教育内容

当前现有的人才培养方案，最需要补充的是学生毕业后初到社会所需要的知识，如求职知识、面试知识和职场知识等。面对巨大的就业压力和严峻的就业形势，在大众创业的背景之下，高校需要帮助大学生提高与就业创新创业相关的知识和技能。当前高校开设的职业生涯规划和创新创业教育类的课程都采用统一的通识性的教材，这种教材本身理论性较高，缺乏和专业知识相结合的内容。类似这样的问题都应及时地做出调整，新的人才培养方案必须针对原有的问题，积极调动企业的经营者和管理阶层以及技术工作人员向大学生传授就业知识以及创新创业经验的主动性，以全面提高大学生的综合素质。

大学生创新创业教育是一个系统化的教育，它包含多个维度和多个方面，但是最重要的是，创新创业教育必须与大学生在校所学的专业课程结合起来，否则就会使创新创业教育失去光芒。

大学生的专业教育对大学生创新创业的方向起到了决定作用。对于学习人文科学的大学生而言，是很难在理学或工程学专业方向创新创业的，与此相同的是，一个学习理工科专业的人也很难在社会科学领域取得创新创业的成就。因此，只有根据各自的优势和专业进行创新创业活动，才能真正使创新创业教育落到实处，并取得具体的成果，实现长远的发展。

专业教育也可以在一定程度上对大学生创新创业的方法起作用。例如，在一些理工科专业生可以很好地把自己的所学与当下社会发展的需求结合起来，进行符合社会发展需要的创新创业活动，在机械、电子、计算机等领域发挥所长，有所创新，服务于社会。人文社科类学生的创新创业内容，除了进行文学创作、社会历史研究之外，还可以借助目前互联网的发展，运用自媒体的形式，将自己所学传播给大众，并通过赚取流量的方式获得经济效益。

（四）完善创新创业教育校企合作模式

创新创业教育具有很强的实践性，因此必须将创新创业教育的理论内容放到实践中，才能真正发挥它的作用。校企的双向管理系统能够有效地利用现有的教育环境和资源，将高校和企业联合起来，通过企业提供的实习机会让学生实现课堂知识向实际操作的转化，从而增强学生的实际应用能力与就业创业能力。企业对接高校，实现校企合作，就必须产融结合，让学生在校期间所学知识在实践中能够有实际效用，这样才能让校企合作成为可能。

简单而言，学校和企业一起来完成某一任务而进行的合作形式就被称为校企合作。这种培养方式更加注重教育质量，关注学生学习的实际情况，能够更好地整合现有资源，也能为创新创业教育提供更好的实践平台。

1. 构建校企合作平台

构建校企合作的共享平台，既有利于进一步深化创新创业教育改革，也有利于培养创新创业的新型人才，还有利于科研成果转化为实践应用。构建共享平台，能够充分利用现实的教育资源和环境，为社会和企业输出更多的高素质人才，确保人才善于创新，具有创业能力。

创新创业教育回到实践中就离不开企业的支持，学生通过在企业实习不仅能够将在校所学知识运用到实践中，将所学的知识系统化、条理化，还能获得课本上没有的实际知识，不断丰富自己的社会阅历，同时能够真正地接触到创业成功或正在创业的人，这些人的实际经验对于大学生而言更是不可多得的财富。例如，信息技术类的企业在发展中常常会有些项目受到人力或时间的限制，而在高校学习计算机专业的学生不仅有专业知识的支撑还存在着创新创业的设想，这样校企对接起来就能很好地解决这类问题，使双方都得到发展。同时，企业还可以将一些项目公开向学生"招标"，完成后企业支付项目款。通过这种形式的实践活动，企业能够找到合适的项目进行孵化，大学生也能实现自己创业的梦想，是一种互利双赢的操作模式。

2. 完善校企合作内容

作为学校，要充分利用校友资源，积极与企业取得联系，努力为学生提供实习机会，让学生能够顺利实现学生到社会人的过渡，并在实际生活中实现自己的价值。

创新创业教育的最终目的是促进人的全面发展，大学生通过在校对专业知识的学习，能够对专业领域的内容具有基本的了解。而创新创业教育通过与职业教育的结合，能够更好地为大学生的创新创业提供帮助。以校企合作的形式进行创新创业教育，先要了解企业的需求。当企业与学校共同进行项目研究时，让学生参与其中；企业开发新工程，将一部分内容交给学校，让学生作为实践进行操作；高校研究的成果，由企业验证，具体过程由高校教师、企业员工和学生合力完成等。通过多种方式的校企合作，不仅能让企业和高校从中受益，更能让大学生参与到实践的具体环节，这对于大学生创新精神和创业能力的培养都是十分有益的。

3. 优化校企合作激励制度

在创新创业政策的驱动下，掀起了创新创业全民浪潮。大学生最容易接受新鲜事物，随着双创意识的逐渐增强，应该努力增加大学生对创新创业知识的理解。众所周知，大学生具有很大的潜力，校企合作制定适合的激励制度以鼓励那些在创新创业活动中具备良好表现的团队或者个人。这样会起到带动作用，激发大学生对创新创业的热情。大学生在校期间，物质财富来源基本依靠家庭提供的生活费，物质比较匮乏，给予物质奖励边际效应比较显著，对大学生的吸引力也较大。与此同时，大学生对精神生活的追求也十分重要，精神世界的满足能够促使其自信心增加。所以将物质奖励与精神奖励结合起来，对于大学生创新创业能起到事半功倍的效果。

（五）完善各地区创新创业教育监督机制

1. 优化创新创业教育政策的内容

政府颁布和实施的政策为培养创新创业型人才培养提供了方案，同时也对政府、高校和企业的三方联动产生了影响，直接影响了三者间连接的力度。政府在政策制定中起到关键作用，必须根据现有的三方状态，不断完善关于创新创业教育的政策内容，通过明确的政策形势，突破三方的界限，加快高校、企业、政府间的合作进程，实现共赢发展的局面。

（1）及时了解社会现状，不断完善与创新创业教育相关的政策措施，并为大学生提供创新创业的相关服务，切实将创新创业教育的政策落到实处，让其真正发挥作用。

（2）保证创新创业教育的有效开展和进行，政府应加强对高校、企业的政策引导，打破三者间的壁垒。高校、政府和企业是三个独立的个体，但三方又互为主体，它们都有不同的发展目标以及利益诉求，所以三方在运转过程中，很容易出现以自身利益为主的壁垒现象。政府可以通过政策的制定和实施将三者有效地联结起来，三者的这种交叉汇聚在一起，能最大限度地发挥各自的优势，同时在创新创业上统一目标，积极推动创新创业教育的发展，实现政治、产业、学习和研究的结合。

2. 提高创新创业教育政策的执行力

大学生创新创业教育应该包括"科学合理的课程架构，专业强素质高的师资队伍以及政府、企业与高校间建立的合作与互动机制等内容"。作为创新创业教育政策主要的参与者与执行者，高校和企业应进一步实施相应的政策措施。

（1）高校要逐步完善创新创业教育有关课程体系和教学模式的设置。在课程建设方面，要把传统的教育课程与创新创业教育课程进行合理的调配，合理设置专业课程、思想政治教育课程和创新创业教育课程的比例，不能厚此薄彼。在课程设置时要注重对大学生创新创业意识的提高。

（2）高校要加强创新创业教育师资队伍建设。高校创新创业教育政策的制定，要以了解相关实际情况为基础，包括教师队伍的专业水平、教师的授课能力、与学生的契合程度以及对新事物的学习能力。这些都将直接影响创新创业教育的质量，如何进行人员的合理调配，保证授课的专业性与科学性，是在创新创业教育政策制定时应该首先考虑的内容。欧美各国开展创新创业的时间较早，有着丰富的经验，政府相关部门可以鼓励高校与国外高校进行经验交流，学习别国的先进经验，也可以组织相关教师去国外高校实地考察交流，打开视野，培养教师的国际格局。

3. 构建创新创业教育评估体系

建立创新创业教育评估体系，通过评估获得的数据能为创新创业教育的开展提供有力的数据支持。在评估系统中，除数据外还能获得一些及时有效的反馈信息外，这对于政府制定政策提供了依据，只有在创新创业教育过程中不断自省、查漏补缺，才能够达到预期效果，这是保证创新创业教育政策有效实施的重要环节。

（1）相关部门可以根据创新创业教育的总体要求和目标，逐步完善创新创业教育政策的评价体系和评价标准。在对创新创业教育进行评估时要遵守评估的客观性和公正性，确保结果的真实有效。除政府外，还应该多方合理地设置评估主体，借鉴他们的建议及对策，并及时整合意见，告别评估主体的单一性，形成多元化的评估主体。对创新创业教育的评估应该有标准，其标准要符合创新创业教育的特点和发展规律，主要包括效率性、效益性、公平性、回应性、执行力等方面。

（2）建立高校创新创业教育的评估体系，包括两方面的内容：①对高校创新创业教育进行综合考量，从课程安排、培训讲座、创新创业比赛情况、科研转化成果、学生实践能力等方面出发，通过数据统计的方式进行同化研究，并根据评估结果及时调整创新创业教育体系。②对教师进行多方面的考察，包括学术水平、科研能力及成果、专业知识与能力、教学业绩等，这种监督要以动态的方式进行，根据评估结果及时合理地调整创新创业教师的培养方案。也要建立教师反馈机制，反映教育教学中的问题，保证创新创业教育的顺利进行。建立科学有效的评估体系是推动高校开展创新创业教育的重要环节，对创新创业教育起着调节和控制发展的作用。

第五章
高校大学生创新创业教育评价体系构建

第一节 高校大学生创新创业教育评价的功能与原则

一、高校大学生创新创业教育评价的功能

"创新创业教育是我国高等教育变革的重要方向，而评价可以实现'以评促改'，优化和完善高校创新创业教育，提高大学生的创新创业能力及综合素质。"❶ "创新创业教育评价体系是对创新创业教育效果进行评价、考量和监测的最有效方式。"❷ 对高校创新创业教育效果进行评价，旨在对其各维度的实现情况进行全面科学分析，体现导向功能和教育功能。

（一）导向功能

教育评价设计及实践过程中体现出的目的明确、流程规范、维度精准的特点使得其权威性得以保证。一个科学、完整、可行的教育评价指标体系作为一项工作的"硬指标"和"参考标准"，对教育的各个环节，即组织管理、目标设置、内容安排、方法选择、资源投入、后勤保障等均可以起到准确、正向、科学的引导和支配作用，可以引导被评方关注"评什么、重点评、何时评"，思考"做什么、怎么做"。简而言之，在教育活动中，教育评价的导向作用十分明显，常常是教育评价评什么，教育活动的实施者就趋向于重点抓什么；教育评价给予怎样的教育行为以高评价，教育活动的实施者就趋向

---

❶ 任立肖，石玉茹，常呈蕊.基于过程方法与内部因素的高校创新创业教育评价 [J].中国轻工教育，2021，24（5）：37.

❷ 严明明.地方高校大学生创新创业教育评价指标体系研究 [J].长春教育学院学报，2018，34（9）：28–31.

于采用怎样的教育行为。当今社会环境复杂、思潮多元，然而高校要坚持社会主义大学办学宗旨，坚定培养社会主义建设者和接班人，其价值观培育尤为重要，因此要发挥教育评价导向性作用，帮助高校树立正确的办学方向、教育观念等。

在高校创新创业教育评价中，其导向功能体现在对高校创新创业教育评价中被评价者（即高校）的工作目标及教育教学工作的方向性、指导性。如高校是否按照国家教育方针、教育政策进行教育，是否受到学生的认同与参与，学生接受教育前后意向有无转变，是否投入一定数量的师资及经费，是否举办一定规模的实践活动及竞赛等。根据评价体系，高校可以从不同维度、不同环节对教育教学的组织、实施、反馈等进行前期设计指导。

（二）教育功能

顺应时代社会需求和教育改革发展的新时代的教育，对学校理念、领导观念、教师素质等都提出了新的要求，因此，"自上而下"地进行办学理念创新、教育理念创新、教学手段创新实际上是通过教育评价各个维度体现的。同时，对于评价体系的学习实际上也是对高校组织者及教育者的教育过程，在这个过程中需要领会评价的理念、宗旨、目标等理论知识，深入组织、实施、分析等实践过程，在过程中提升教育评价能力。

在高校创新创业教育评价中，要求高校在遵循工作规律、教书育人规律和学生成长规律的同时，把握发展需求，优化内容供给、改进工作方法、创新工作载体、激活内生动力；要求教师深入学习领会国家在创新创业教育方面的相关政策文件与指导意见，在课堂教学与指导教育学习过程中传递创新意识，客观认识并主动融入教育评价环节。

二、高校大学生创新创业教育评价的原则

（一）目标性原则

高等教育的任务是培养具有创新精神和实践能力的高级专门人才，发展

科学技术文化，促进社会主义现代化建设，其中，创新精神的培养具体可通过高校创新创业教育及其实践实现。高校创新创业教育要始终立足高校人才培养的根本要求、立足思想政治工作的中心环节、明确创新创业教育发展目标和定位，对高校创新创业教育的质量与效果进行评价能够真正全面分析高校创新创业教育的当前形势、发展趋势，坚持提高学生整体素质、培养学生创新精神和创新能力这一目标，为社会培养高素质人才。

（二）科学性原则

对高校创新创业教育进行全面、客观地分析需要基于数量与质量、过程与成果、长期与短期、主观与客观等多个视角展开，因此其体系制定的科学性尤为重要，需要思考如何体现科学可行、做到权威客观、符合发展目标、反映实际水平。因此，高校创新创业教育评价体系应做到既上下级彼此独立又互相联系，相互包含隶属而不重叠交错，覆盖全面且没有遗漏，杜绝混乱，提高信度与效度。此外，体系的设计者与评价的施测者还需要思考评价采用的指标体系中各维度权重分配是否合理，方法手段是否切实可行。

第二节　高校大学生创新创业教育评价的基本类别

一、主观评价与客观评价

主观评价与客观评价的区别体现在评价群体的范围划定与角度确定上，直观理解即为关注受教育者的主观满意度或施教者的投入度。主观评价关注受教育对象的观念感受，客观评价关注教育实施者的实践与成果。然而由于主体价值与认知的不同，观念感受不可避免受到受教育者专业、学识、偏好以及评价过程的影响，存在一定偏颇的可能，评价标准不易把握，甚至出现偏差与偏见。因此，在主观评价中加入客观评价，能够将评价纠偏回到适当位置，即在评价时既兼顾主体对课程的满意度，也要收集主体的课程表现及参与度数据。将两种评价方式有机衔接，既能有效克服客观评价忽视具体过程和长远效果的弊端，又能克服主观评价偏重主观感受的不良倾向，提升评价的科学性和准确性。

针对高校创新创业教育评价而言，学校的组织管理、课程设置、时间安排等内容多以数据文本形式呈现，属于客观指标，然而在评价时，还应关注主体层面创业精神、创业意向、创业态度等方面的呈现，获取校方目标设置与学生群体接受程度的相关素材，保证评价的全面性和真实性、有效性和精确性，真正提高评价的效度与信度。

二、定性评价与定量评价

定性评价与定量评价的区别体现在评价材料的呈现形式与结论评定中，直观理解即为用文字或用数字进行相关描述。定性研究是对评价资料做"质"的分析，在观察、分析、归纳与描述的过程中直接对评价对象作出定性结论的价值判断，总体把握评价对象的性质和水平；而定量研究则是采用数学方法对评价资料作"量"的分析，收集和处理评价材料，能够更加客观化、简便化地呈现评价结果。

在二者关系上，定性分析是评价的出发点、归宿和本质要求，但完善的评价必须以定量分析为基础和依据。可以说，定性分析是定量分析的前提，没有定性分析的定量分析是盲目的；而定量分析是定性分析的支撑，可以帮助定性分析更加科学合理，通过"定性—定量—定性"的过程促使其形成完整准确的分析。因此，在评价过程中将定性评价和定量评价紧密结合起来，能够使评价更精确、更具体、更全面，更具有说服力。要在总体分析把握评价对象"质"的基础上，设计和开展"量"的研究分析，再以此为依据，深化"质"与"量"相结合的分析、比较、综合，达到定性评价和定量评价的有机统一。

第三节　高校大学生创新创业教育评价体系构建的策略

"构建大学生创新创业教育质量评价体系不仅是高等院校双创教育体系建设的题中之义，还是监控双创教育过程、检验教育成效的现实需求，是推进双创教育资源共建共享、稳定'大众创业、万众创新'良好局面的应然之选。"[1]基于此，高校创新创业教育评价体系的构建策略主要包括以下内容。

一、转变教育评价的观念

（一）评价主体由"单一性"转变为"广谱性"

教育评价的"主体价值"思想认为，价值是客体满足主体需要的程度，其中教育活动是客体，要在教育中满足特定主体（即受教育学生）的需要，其价值依据主体的价值需要对教育活动进行价值判断。虽然系统收集和处理信息的方法手段是客观的，但得出的评价结论因主体需要的不同而有所不同，因此，主体需要是评价的准则，能够影响评价的结果。在以往的评价中，学生群体多为教育评价的"被评价者"，处于消极的被动地位，其主体地位体现不明显，而评价者凭借主观的判断，难以估计被评价者的需求与反馈。

当前，高校创新创业教育评价的维度多关注高校层面的课程、教师、环境等，而较少关注学生层面。实际上，除了通过教育管理部门主导、高校为被评价对象的评价方式外，由学生主导、高校为被评价对象的评价方式也是

---

[1] 王俊强 . 大学生创新创业教育质量评价体系研究 [J]. 林区教学，2022（1）：26.

重要的评价方式，即注重评价者的"广谱性""全员性"，更为关注学生群体在评价中的"主体价值"以及"获得感"评价。学生群体教育前后的转变是教育效果最直观的体现，其转变的正面或负面、显著或微弱都是重要的效果评价维度。

（二）评价阶段由"成果性"转变为"全程性"

创新创业教育可以大体上分为三个阶段，即设计阶段、实施阶段、成果阶段。在设计阶段被评价的主体主要为高校，对高校课程教学、师资配备、平台搭建等顶层设计进行评价，重点关注其是否以教育目标为旨归、是否体现高校及专业特色、是否能够满足师生的需求等。实施阶段的评价主要通过学生主体的参与情况和满意情况反映高校创新创业教育现状，一是从学生对课程的前期需求、中期参与、后期反馈进行调研，以学生主体评价对相关教育载体的形式、内容、覆盖面等进行评价调整；二是从学生在教育各个阶段的参与情况（如参与课程、筹备竞赛、项目孵化、实体创业等）反思各环节设计情况与实际成果的差异性并进行改进。成果阶段即指达到创新创业教育在社会角度较为关注的"创业"情况，即通过创业率、创业带动就业人数、创业创造的经济效益与社会效益等进行评价。

因此，高校创新创业教育应将过程性评价与结果性评价结合起来，在不同阶段针对不同问题作出反馈，及时修订，充分发挥过程性评价的改进功能，最后将方案整体实施情况与最初目标进行对照，实现"以评促建"。

二、完善教育体系的构建

如果说高校创新创业教育评价观念的确立是进行评价的理论前提，那么确定高校创新创业教育评价体系的构建模式是进行评价的实践基础，既是评价各要素的集中呈现，也是理论研究能够应用于实践工作的关键。因此，在把握教育根本目标的前提下，应以完善系统科学、操作性强、动态长效的高校创新创业教育评价指标体系作为构建策略。高校创新创业教育评价体系构建可分为四个象限，具体如下：

第一象限：创业率。第一象限聚焦学生对高校创新创业教育客观评价的结果性维度。创业率评价实际上是社会媒体与教育行政部门对高校创新创业教育质量与效果的量化评价，直接关注的是高校学生在毕业时自主创业的比例，素材获取过程不受主观因素的影响与介入，数据也将直接客观地用于高校创新创业教育效果的评价。秉持这一原则，通过引入创业率数据统计、呈现及分析方式，引导各个群体予以关注并据此剖析更为深刻的背景原因与优化措施。

第二象限：顶层设计。第二象限聚焦学生对高校创新创业教育客观评价的过程性维度。对高校创新创业教育体系的顶层设计视作过程性评价，主要原因是兼顾高校创新创业教育实际是对高校教育资源、课程教学、师资配备、指导帮扶、实践平台等各个环节与过程的设计，在"顶层设计"中着重体现了课程的知识传播环境由课堂教学向实践转化的过程，师资素质由注重系统培训到注重研究的过程，实践平台由项目训练向竞赛拉动的过程等。在设计过程中实际上也体现了高校对创新创业教育的理解、落实和本土化过程。

第三象限：金字塔模型。第三象限聚焦学生对高校创新创业教育评价的过程性维度。学生在创新创业教育过程中会经历四个阶段，除创新创业教育课程是统一规划、面向全体、广泛覆盖的，其余环节的参与均具有一定的主观性，要求学生具有相对成熟的创新想法、创业能力和创业知识，此外，每一阶段需要上一阶段的理论或实践积累，下一阶段又是对上一阶段成果的验收与考核，体现出明显的过程性。

第四象限：个性发展。第四象限聚焦学生对高校创新创业教育评价的结果性维度。可参考"前测—后测"这一方法或"参与—未参与"相对照的方法，以真实了解学生对高校创新创业教育的参与度、满意度、认知转变度与能力自评情况，其呈现方式一般是学生自评，具有强烈的主观性。高校创新创业教育的最终目标是学生的全面发展与创新型人才的培养，因此学生的个性发展维度一般会在教育者设定的某一教育环节结束或教育周期终止后进行测评，虽然可能衔接下一个教育阶段，但对于教育者所施测的时段来说仍然具有一定的结果性测评意义。

第六章
多维度视域下高校大学生
创新创业教育研究

第一节 校企合作视域下的高校大学生 创新创业教育

一、校企合作推进高校创新创业教育的意义

"进入 21 世纪，世界各国的竞争转变为人才的竞争，尤其是创新型人才的竞争，校企合作正是培养创新型人才的重要手段。"❶ 在校企合作背景下，高校的创新创业教育工作有了明显的改进，新课程要求学校将工作中心和重点放在创新创业教育体制改革中，通过校企合作的模式来更好地满足学生的个性化成长以及发展要求，确保每一个学生都能够有所收获、有所成长。与其他教育板块相比，创新创业教育工作难度相对偏高，对教师个人以及学生都是一个较大的挑战。校企合作能够有效减轻这一工作的实践压力，确保教育教学能够获得更多的发展空间和时间。

"校企合作模式的实施为大学生创新创业教育的开展提供了良好的环境。从本质意义出发，大学生创新创业就是帮助学生从校园思维过渡到职业思维，通过开展校企合作模式，能够有效改进大学生群体在创新创业实施中的不足之处。"❷ 在推进高校创新创业教育改革工作时，校企合作能够更好地体现现代职业教育工作的重要要求，丰富教育教学的途径及手段，促进教育教学的进一步飞跃。因此，应以职业教育模式的改进为依据，逐步提升学生的技术技能，确保产教融合以及校企合作的有效落实。同时，作为现代职业教

---

❶ 李娟. 校企合作模式下高职学生创新创业教育探索 [J]. 教师，2021，475（28）：127.

❷ 朱艳军. 校企合作下大学生创新创业教育与开展工作的思考 [J]. 就业与保障，2021，273（7）：61.

育的重要引擎，产教融合符合职业教育人才培养的实质要求，对提升人才培养质量有非常关键的影响。

另外，产教融合和校企融合有助于真正培养双师型教师队伍，确保教师能够在教育教学体制改革的过程中做出自身的贡献，真正打下扎实的理论基础，主动积累丰富的工作经验，逐步发展学生的实践操作能力，提供优质的教育服务及引导，确保学生能够在自主实践的过程中实现个人的良性成长及发展。产教融合以及校企合作能够促进区域经济的发展，真正实现教育对经济的促进作用，解决目前的教育、教学困境，为校企合作以及经济发展提供一定的借鉴。

二、校企合作推进高校创新创业教育的策略

（一）健全相关的政策法规

校企合作以学校及企业为主导，以政府为重要的引导，政府需要主动参与其中构建完善的政策法规，明确校企合作的相关要求以及重要方向。健全的法律法规有助于不同教育工作及管理工作的有效落实，充分体现产教融合的重要作用，确保校企合作工作的进一步开展。国家出台了许多产教融合以及校企合作方面的政策文件，但是大部分文件缺乏一定的指导作用，还不够具体、深刻。为了真正体现职业教育法的重要指导作用，学校需要主动参与其中。政府则需要构建完善的政策法规，明确外部制度的监督作用，使校企合作以政策法规为依据开展。地方政府需要意识到自身的责任和权利，积极利用各种激励措施，确保各方参与其中，同时，加强对经济手段和行政手段的利用，确保两手抓、两手硬。只有这样，才能够确保校企合作的有效落实，真正培养出更多优质的应用型人才。

（二）构建完善的管理机制

为了从整体上提升教育质量及管理质量，学校与企业需要加强联系与合作，构建完善的管理机制，了解行业机构在产教融合中所发挥的作用，积极

增强行业机构的引领作用。校企合作的内容以及环节比较复杂，行业机构在产教融合以及校企合作中扮演着重要的角色，但是还没有真正发挥外部协调以及监督的作用。对此，行业机构需要充分意识到自身的责任，站在专业的角度，发挥自身的作用，着眼于未来的发展规划，主动引领行业发展方向。其中职业标准的建立最为关键，高校需要明确人才培养、课程建设、专业建设以及教师合作的相关要求，落实后期的指导工作以及协调工作。行业机构需要主动发挥自身的协调作用和优势，在进一步调整的过程中明确自身的作用，更好地彰显自身的价值。学校需要加强对社会经济发展动态的分析，以培养优质的技术型人才为目标，一方面需要保证自身利益最大化，另一方面需要注重社会效益及经济效益，确保这三者之间的深度融合，只有这样，才能够实现管理资源以及教育资源的优化配置与利用。

对于行业机构来说，在进一步调整以及改进的过程中，还需要意识到自身的监督作用，根据目前的校企合作工作要求，积极构建完善的考核评价机制，作为第三方来参与其中，始终坚持公平、公正的考核原则，通过对校企合作中相关绩效的分析和研究来更好地维护双方的权益，实现工作资源以及管理资源的优化配置及应用，为学生的成长与发展保驾护航，学校也能够获得更多的资源优势，真正实现创新创业教育工作的有效落实，确保管理质量以及教育质量的综合提升。

（三）积极开展深度合作

校企合作需要以企业以及学校的互利共赢为原则，真正构建良性互动的合作关系。首先，校企双方必须要注重观念以及认知的进一步改进，明确企业的岗位需求，并以此作为人才培养的重要方向以及核心目标。高校需要注重学生的一技之长，了解应用型人才培养的实施条件，投入更多的时间和精力，密切关注时代发展进程，始终坚持与时俱进的培养理念，通过对市场发展趋势的分析以及研究来调整后期的人才培养策略和方向。创新创业教育的发展速度较慢，学校领导者需要注重不同影响要素的分析和研究，抓住创新创业教育发展的生命线，主动承担起一定的社会责任，确保经济效益和社会效益齐头并进，其中高素质技能技术人才的培养最为关键。

在校企合作过程中，企业可以严格按照自身的发展需求，促进人才培养模式的有效落实，加强对人力资源的成本控制。另外，产教融合、校企合作长效机制的构建也非常关键，这一点能够保证实现校企双方互利共赢与资源共享。学校需要重新调整自身的发展模式，灵活使用不同的教育资源，抓住各个阶段的教育教学重点和难点，更好地实现人才培养的综合目标。

第二节　经济新常态视域下的高校大学生创新创业教育

"新常态经济以创新创业型人才为主体，并将科学技术作为可持续发展的根基。为了追随这一时代步伐，承担起教育改革的使命，我国高等教育事业部门目前正在全力推进高校创新创业教育改革和大学生自主创业工作，在党的指挥下深入贯彻国家政策，以更好地向国家输送高素质的创新创业型人才。"[1]当前，在经济新常态的形势下，无论是支撑经济发展的内在条件，还是影响经济环境的外部因素都不同以往，经济新常态的提出，给我国经济的可持续发展指明了新的方向，其明确指出经济增长速度要"换挡"。所以，当代大学生应随着形势变化，主动适应新常态，调整各自的认识和行动，使当前的就业困境变成就业机遇，争取抓住新的机会，实现新的发展。因此，应以此为出发点，从教育入手，揭开经济新常态背景下大学生创新创业教育的新局面，成为当前教育的重中之重。

不仅如此，创新创业教育还可以为经济新常态的增长起到助推器的作

---

[1] 柴广成，李琳.经济新常态下高校创新创业教育改革[J].现代企业，2021，427（4）：147-148.

用，在此过程中，最大限度上减少由于经济结构的调整和改革给社会及人民带来的阵痛。只有加强创新创业教育，才能减少大学生创业者在创业过程中遇到的阻力，减少创业风险，增大创业成功率，进而使新常态经济的浪潮往前推进一步。综上所述，经济新常态加快了创新创业教育的进程。在经济新常态的大背景下，要求创新创业教育在不断运作过程中，朝着更加复杂、有序、形态更高级的方式转变，促使大学生创业者为社会提供更多的就业机会，促进就业，刺激消费，增加需求，促使知识和科技转变为新兴生产力，进而服务经济增长，使经济朝向新颖、多元化、健康的方式增长。

一、经济新常态视域下大学生创新创业教育的重点

（一）教育工作者的教育思想应与时俱进

面对我国经济发展新常态的到来，高校大学生创新创业教育实践应准确找到侧重点所在，这是确保大学生创新创业教育能够适应时代发展趋势的关键。其间，教育工作者的教育思想要与时俱进，因为教育工作者若思想过于守旧，势必会造成教育工作跟不上时代发展形势，创新创业型人才培养不能与时代发展所提出的要求相同步，这样创新创业型人才也很难立足于当今乃至未来社会。为此，教育工作者的教育思想要始终保持与时俱进。

（二）教育的育人模式应不断更新

我国社会经济已经处于稳步增长阶段，一系列的新兴产业也在当今社会中涌现出来，并且发展之势极为迅猛。在这一时代背景之下，大学生创新创业教育应立足时代发展大趋势，与创业型企业保持多方合作，方可确保创新创业型人才的培养质量。在此期间，走校企联合发展之路已是必然，围绕这一发展道路创建育人模式已是迫在眉睫，这也是经济新常态下大学生创新创业教育实践的侧重点之一。

（三）教育的保障条件应充足

任何一项教育教学工作的全面开展，都需要有强有力的保障条件作为支撑，完善其保障条件是至关重要的一环。创新创业教育要围绕学生创新创业能力、意识、精神三个方面展开一系列教育活动，哪一方面存在短板都会导致人才不能适应社会发展的后果，而保障条件就是要避免创新创业教育短板的出现。为此，大学生创新创业教育的保障条件要充足。

二、经济新常态视域下大学生创新创业教育的路径

创新创业是具有较高环境敏感度的社会行为，成功地创新创业需要结构完整、功能完善的创新创业教育生态系统为其做保障。

（一）高校落实大学生创新创业教育

高校作为创新创业教育生态系统的主体，是整个教育生态系统建设的核心，也是资源枢纽的核心，更是大学生获得创业知识、创业技能、培养创业意识的主阵地。因此，首先，高校应培养大学生创新创业理念；其次，完善创新创业教育课程体系设置；最后，无论是创新创业理念的培养还是课程体系设置都需要教师作为中介得以传授知识，高校应全面扩大师资队伍的建设，加强其有关创新创业专业性的培养。

1.培养大学生创新创业的基本理念

培养大学生创新创业基本理念是一个十分重要但容易被人们忽视的话题，因为表面看起来这项工作与具体的创新创业活动无关。然而，如果一个创业者不具有创新思维，理想不坚定、创业意识混乱、创业观不正，即便在经济上取得成功，也不一定会回馈社会，这样，就很难说是创新创业教育的成功。因此，培养大学生创新创业理念不容忽视。❶

---

❶ 曾珊.经济新常态背景下大学生创新创业教育研究 [D].赣州：江西理工大学，2017：9-36.

（1）创新思维。在创新创业活动中，创新思维是唯一一个永远处于"活动状态"的，复杂的、纵横交错的信息加工活动，是创新创业实践的重要条件。创新思维是萌生创新创业想法的脑力活动，决定了它的发展轨道，创新思维包括对新事物的好奇心、对知识的求知欲、独立的人格、果敢的判断力、敢于质疑权威的精神，其中好奇心和意志品质是重点，在创新创业活动中起着决定性作用。

（2）创新创业理想。创新创业教育和理想有着紧密的联系。虽然创新创业教育目标的确立立足于现实，但却是通过分析现实中的种种可能性而作出的规划，创新创业教育工作计划的表现为一个环环相扣的目标链，其要达到的目标之一就是要帮助大学生树立正确的理想。因此，支撑创新创业最终目标和工作计划顺利实现的关键因素之一就是大学生工作中的理想和境界。

通过理想培育，可以将大学生产生创新创业想法的萌芽转化为自觉、明晰和稳定的信念，使学生自发的理想变成自觉的创业者，使空谈、幻想变成切合实际的、科学的创新创业理想，使一时的冲动变成坚定的信念，将种种心理障碍转化为理智支配的执着追求。

（3）创新创业人性观。古典创业学认为：人是经济运动和物质利益的主体。即创新创业活动中的人是经济化了的"经济人"，创新创业就在于如何通过合理的组织计划活动或最经济省时的操作程序谋求最大的经济效益。然而，社会人的思想却不这么认为：决定工人积极性和提高生产率的主要因素是工人的意愿、情绪、受尊重信任和民主参与意识等社会心理因素。

作为雇主的大学生要做具有多种需要、多种个性、存在于复杂人际关系当中并富有主动创造性和反抗性的"社会人"。因为，创新创业最终是为了人，创新创业实践活动是否有意义，最终还要看是否有利于人的完善和发展。所以，要搞好创新创业，关键在于管好人，而要管好人，又必须深入了解人的心理活动和行为规律，激励他们的自觉性和创造性。

（4）创业效益观。效益既包括客观存在的效率或经济效果，还包括人们按一定价值观对效率或效果的主观评价。

第一，评价某一创新创业实践活动是否有益，不能凭借个人感觉或者少数人利益为标准，而应按照"集体主义"原则，以造福多数人、造福集体为准。如果某一创新创业实践活动效率仅对少数人有利而对多数人有害，这就叫有效率而无效益，反之，只有对绝大部分人有益的才可称为有效益。

第二，评价某一创新创业实践活动的效率是否有益，不能单从经济效益出发，还应考虑它的社会效益、道德效益和精神效益。经济效益能够满足人们的物质欲望，但人们除了这种基本的需要外，还有社会的、伦理的、精神的各种高层需要。如果某项创新创业使人们物欲横流、道德沦丧、精神生活极度空虚，也不能被认为有社会效益。换言之，判断一个组织的创新创业实践活动是否有益，不仅要看它的效果是否有益于人们的生理健康，还要看它是否有利于人们的心理健康；不仅要考察人们的物质财富是否增加，还要看人们的道德水平、文化修养、社会责任感是否提高。高校应结合社会问题，最好能在解决社会矛盾的基础上发展创新创业教育事业。

第三，判断创新创业的效益不能只着眼于眼前利益，还应考虑到未来利益，这是因为地球上的资源有限，人们对其开发利用不能只顾眼前，掠夺式的开发和短期行为的创业方式，所得的只是高效益，而对于将来的社会和人类的发展却是一种伤害。因此，大学生创新创业事业须在"可持续发展战略"的基础上进行。

2. 完善大学生创新创业教育课程体系构建

在经济新常态视域下，"创新创业教育"是现阶段教育的重点工程，下面将从显性课程和隐性课程两个角度出发进行对策研究。显性课程（第一课堂）也叫正规课程，指正式列入学校教学计划，为实现规定教育内容而设置的课程。隐性课程（第二课堂）是国家未明文规定、非正式的学习课程。在显性课程中，专门为创新创业教育而设计的课程称为本位课程，对于已开设的课程融入创新创业教育相关内容的课程称为创新创业教育融渗课程。

（1）显性课程设计。创新创业教育的显性课程包括本位课程和融渗课程，其中本位课程有必修课程、选修课程和辅修课程，其是以培养大学生创新创业能力为目的的；融渗课程涵盖了融入渗透在思想政治教育、专业教育、公共课结合的课程。显性课程教学，首先，必须设计适合学生的课程内容，减少过多的理论知识灌输，宜采用案例研究法，在案例的选择方面，要与时俱进，贴合学生的实际生活；其次，注重创新创业教育的实践性，创新创业教育虽属于"教育"，但目的不是让学生停留在学术阶段，其最终目的要归于实践，在坚持实践导向的过程中，以提升学生的创新创业素质和意识为重点；最后，兼顾广泛性和专注性，创新创业教育涉及多方面知识，包括金融知识、心理学、人际交往，社会工作等多个方面。

第一，本位课程设计。在高校，必修课程是主战场，注重于基础教学，选修课程是重要补充，重点考虑特色性的教学，辅修课程则考虑提升性的教学内容较多。

必修课程。高校必修课可分为三大模块：第一模块是通识知识内容；第二模块是创新创业教育的技能内容，具体包括创新创业过程中的机会把握、评估风险和整合资源能力提升，创新创业中人际关系处理提升、舆论导向及权利依附能力提升；第三模块是创新创业实训体验类内容，包括团队组建训练，结合情景体验创建方案。

选修课程。选修课程是根据学生的实际需求，个人兴趣等选择性较大，更灵活的课程，有助于拓展学生知识的宽度和深度，且由于其课程设置更为灵活、教学方法多样，往往能够起到必修课程的有效辅助和提高的作用。选修课程主要针对已经参加过创新创业教育通识类课程的学生，且该课程目的在于进一步提高学生创新创业的意识和能力，因此，其内容与必修课程内容紧密相连，但宽度和深度都高于必修课程。高校创新创业教育课程相对必修课而言：①内容更加具体，主题更加深入，其全部课程都将围绕必修课程的某一章节深入探讨，对某个特定知识提出意见和提高能力；②更加注重学生的主体性，选修课程为了实施更有针对性的分类分层施教，比必修课程更加尊重学生的主体性，选择性较多，更加灵活多变，契合学生的兴趣诉求，避免了盲目开设课程所导致的低效率问题；③更加强调教学资源共享，如积极探索"慕课"教学形式，建设创新创业综合信息自主平台，实现创新创业教育选修课程在网络上呈现，利用网络资源共享性和开放性实现教育资源的高效配置。

辅修课程。高校创新创业教育的辅修课程是针对学习成绩优秀，学有余力且对创新创业具有浓厚兴趣的学生开放的专业课程，更加强调深入研究理论和进行系统的实践训练。辅修课程主要分为两大类，理论类和实践类课程，其中理论课程包括创新创业驱动因素理论、创新创业者人格特质理论、创业博弈论、创新创业价值理论。实践课程包括创新创业过程分析及案例研究、团队管理、战略联盟构建、社会舆论引导等有助于大学生创新创业实践能力提升的内容。

第二，融渗课程设计。高校创新创业融合渗透课程是指将创新创业意识、精神、知识、技能等育人内容融入渗透至专业课、公共课中，通过培养意识、教授创新创业教育相关知识和润物细无声的方法影响学生，是高校创新创业教育必修课程、选修课程、辅修课程等本位课程的重要补充。因此，要发挥好融渗课程在创新创业教育中的优势与效果，打破专业壁垒，培养宽口径、厚基础的专业＋特色的复合型、应用型人才。首先，在日常的专业课授课和公共课教育的课程中，教师要对创新创业教育相关知识有一个基本的认识，融渗课程对于学生来说是在毫不知情的情况下发生的，但教师却是在专业课授课的时候，有意识、有目的的春风化雨般的传授，教师根据当时的授课内容，介绍与之相关联的创新创业知识；其次，要让创新创业教师和其他专业教师共同学习，共同挖掘专业课与创新创业课程的结合点，以及所涉及领域的相关案例等，提升创新创业教育融渗课程教师的专业化水平；最后，采取专业课教师为主导、学生为主体的授课战略，注重对创新创业的启发式教育，引发学生主动学习创新创业知识的意识，变被动接受为主动学习。

（2）隐性课程设计。隐性课程是未纳入教育大纲的学习课程，是通过实践活动和氛围培养学生的学习意识，其拥有载体更加多元化和学习过程愉悦两个特点。此外，高校创新创业教育隐性课程应包括以下四个体系：

第一，兴趣社团体系。高校创新创业教育兴趣社团是以创新创业教育的学术背景为依托，学生根据其兴趣特点、发展规划等诉求自发成立的社团组织。兴趣社团也是带动校园创新创业氛围的地带，其中，同样包括理论类创新创业社团开展和实践类创新创业社团开展。理论类包括，中国创新创业发展史、国内外研究前沿、创新创业相关知识的交流与学习；实践类包括创新创业教育的技能与训练，专注于价值理念、管理运作和通识技能的提升。

第二，课外研学体系。课外研学体系就是在显性课堂之外，学生自发学习创新创业相关知识、训练实践技能的平台载体，学校并不直接参与学生学习的过程，而是起到引导和支持的作用，该体系更为注重创新创业知识的培养与训练，与显性课程相连，强化和深化了显性课程中所学的知识。

第三，课外训练体系。课外训练体系是以书写创新创业计划书、开设创新创业系列讲座、开展创新创业模拟培训为主要内容。其中创新创业计划书将会由任课老师指导；创新创业系列讲座以成功企业家讲述创新创业成功路为主，让学生真正感受创业氛围；模拟培训则建立在全面模拟企业制度的基础上进行的线上活动，利用模拟软件仿真平台，让学生进行创新创业实战演练。

第四，实践竞赛体系。创新创业实践竞赛体系在于帮助学生在知、情、意等方面全身心投入，让学生体验所学知识的情境，将所学知识融会贯通。从流程来看，实践竞赛体系包括模拟场域及主题设定、参赛团队组建、计划方案撰写、方案评审答辩、育人效果评估等五个环节，其中计划方案是前提，包括问题挖掘、机会识别、目标选定、理论框架搭建、创新创业各个阶段的策略分析、风险评估及资源整合环节；育人效果评估环节是实践竞赛体系可持续发展的重要基础，重点考查学生在参赛过程中对制度创业知识及技能的应用情况。

（二）政府引导大学生创新创业教育

政府投入是创新创业活动的政策环境，且是创新创业活动重要的环境因素、教育资源。它为创业活动提供直接的人力、物力和财力的支持，虽然它不直接介入创新创业活动本身，但在一定程度上决定了创新创业活动的成败。

1. 改进创新创业的政策监督机制

在经济新常态背景下，为了使大学生创新创业政策协同，落地生根，政府需要对创新创业教育政策体系执行监督机制，因此，可从以下方面考量：

（1）强化监督主体内部机构的监督职能。专门从事创新创业政策制定的内部领导者，各省市及地方的政府机关、执政人员等构成了创新创业政策监督主体。其中承担主要责任的是专门从事创新创业政策制定的内部领导者，应该加强其监督领导力，强化责任，划分范围，细化流程，督促创新创业政策能够有据地落实到大学生身上。

（2）加强社会舆论和大众参与的监督。创新创业政策真正实施到哪一步，实施的成效如何，作为被实施对象的大学生创新创业者最有感触，而且最具发言权。政府应该实行政务公开，建立透明的行政制度，通过创建社会监督网络，鼓励大学生及社会公众参与其中，加强社会民众监督，信息共享，打通政策通行的壁垒，加强政府信息网络互动平台的建设，建立信息反馈机制，及时了解民众意愿。

（3）设计合理、科学的监督内容、程序和手段。为了使创新创业政策的监督有依可循，能够量化，设计监督测评指标体系是必不可少的环节。其中要依据政策执行的不同阶段、不同主体，实行对监督测评指标的定性评价和定量评价，执行方法要详细制定，手段要客观、全面，力求科学，测评结果可视化，做到有理可依。大学生创新创业是一项涉及多范围的实践活动，各个政策执行主体间紧密相连，不可分割，因此，政策执行监督测评指标的设计不仅要体现对本范围内出现差异政策执行效果的评价，还需考虑到辐射至周边领域的内容指标，这样的评价才是科学的、全面的。

（4）加大对政策执行主体错误行为的惩罚力度。为了避免执行主体权利滥用，无视大学生的利益，同时能够满足响应责权统一的要求，必须建立健全责任追究制度。通过"有功必赏，有过必究"的方法，营造积极和主动的氛围，促进相关政策执行的高效性和公平性。由此，可以得出，创新创业政策监督机制的建立，不仅可以约束执行主体的权利，从某种程度上而言可以推动创新创业政策的全面实施。

2. 推动创新创业的制度健全

创业者是经济社会发挥活力的主体，是市场经济呈现可持续健康发展不可或缺的力量源泉，创业者创办的大量新型企业是注入经济社会的新鲜血液。近年来，由于中央各项文件的出台，涌现出一大批投身于创业浪潮的大学生。虽然伴随审批、商事制度改革的推进和完善，我国各类市场主体如雨后春笋般大量涌现，特别是当代大学生，激发了市场的活力，但是"最后一公里"是大学生创新创业落地的难题。为此，要持续增强制度松绑，简政放权、优化服务改革的累积效应，推行政务服务事项的"一号申请、一窗受理、一网通办"。减少政府对企业创业创新活动的干预，全面推广协同监管，加快提升政府办事效率和服务质量，力争建立健全政府管理制度。

（三）社会助推大学生创新创业教育

大学生创新创业的社会性特点决定了其必须与社会各方联动与合作才能形成一个整体。使创新创业教育形成一个成效，社会是创新创业教育的渠道之一，创新创业教育的实践离不开社会，需要社会的参与和助推。

1. 改善社会创新创业的文化土壤

改变社会创新创业教育环境不仅要从改良社会思想文化土壤入手，还需进一步加强舆论导向，运用各种舆论方式，营造出良好创新创业氛围。

（1）改善社会创新创业思想文化土壤。一个民族的精神面貌和文化内涵形成了该民族特有的思想文化土壤，社会思想文化土壤无论是从主体、客体，还是传播手段而言，都是符合社会规定性的。思想外化为行动的实践过程和它的思想文化土壤具有同一性、同质性，因此一个民族的社会思想文化土壤是否蕴含着大学生创新创业的有利因素，对于该民族的创新创业具有决定性作用。

社会思想文化土壤属于社会意识范畴，它是一种隐藏的、潜移默化的精神力量。它内在于主体，是主体的精神因素；它物化于客体，支撑着客体的风格和文化内涵；最重要的是，它主要表现在中介传播方面，大学生主体是否能够"内化于心，外化于行"主要在于思想文化土壤的传播。

大学生的创新创业压力除了没有优秀的团队，充足的资金，新颖的项目以外，更多考虑的是创新创业实践中来自多方的舆论压力。因此，对大学生进行创新创业教育，不仅要投入资金，加强学校教育，还要加强人文关怀，营造鼓励创新、支持创业的文化氛围，树立起对创业者宽松、包容的社会环境，吸引更多人了解创新创业，理解大学生创新创业的艰难，知悉其对社会发展和经济发展的有益之处。

（2）加强社会舆论导向。舆论是社会群体对社会生活中所发生的事情发表的观点和评价的结合，舆论是引导社会、控制社会、改变社会的关键。对于创新创业教育而言，舆论引导是扩散教育理念，推动其进一步发展的重要举措。

各类媒体要为营造良好社会舆论环境而努力，通过指引方向，宣传成功人物创业事迹，鼓励创新，激励创业，引导社会大众接受大学生创新创业，让社会大众知悉大学生创新创业是有一定发展前景的，能为人们创造更好的生活。我们可以通过多种方式为其提供咨询和引导，如建立大学生创新创业微信公众号，让大学生随时随地了解最新动态，杂志媒体如《创业家》《文汇报》等都参与了创业文化的营造，电视媒体如《致富经》《创业英雄汇》

等报道了很多大学生创新创业的案例，广播媒体加入了讨论大学生创新创业的栏目，报刊媒体也刊载了大学生创新创业的事例及专业人士的评论等。

2. 加大企业创新创业的扶持力度

（1）建立"暑期实习生"模式。企业可以主动走进学校，加强与学校的联系，向学校申请建立"暑期实习生"模式。在企业专业对口的岗位上设立实习生职位，走校企联合道路，利用寒假和暑假的时间，邀请在校生在企业从事 1～2 个月的实践活动，让学生感受真正的企业文化，参与企业的运营、管理和实践，使学生得到真正的锻炼，同时也为企业注入新鲜血液，带来新的活力，实现学生和企业并举的功效。进一步彰显企业的创新创业试验田作用，亮明全方位开放的鲜明态度，是推动大学生市场主体走出去的桥头堡。

（2）增加社会融资。大学生创新创业需要资金的支持，其大部分投资主要依靠父母、亲戚、借贷或者个人储蓄。但是大多数家庭的力量是有限的，虽然政府有资金扶持和税收减免政策，但所占比例较小。一方面，大学生经济知识缺乏，主动寻求社会资金意识薄弱，导致社会资金支持与创新创业项目无法完成对接；另一方面，大学生创新创业项目受多方面因素影响，又有手续、成本、条件等因素制约，社会融资可获得性较低。所以，社会方面应该主动对接大学生创新创业，为其提供资金，减少大学生创新创业路上的阻碍。

（3）打造专业化社会服务机构。中国大学生创新创业项目越来越多，相关孵化机构能在最短的时间内迅猛增长，将会导致集中化、同质化等，无法为不同阶段、不同领域的大学生提供顶尖、专业、细化的服务。因此，打造专业化社会服务机构迫在眉睫。专业化社会服务包括企业为大学生创新创业提供咨询服务、技术服务、人力资源服务、中介服务等专项服务。因此，企业应该根据大学生创新创业的不同阶段、不同领域，甚至不同年级，打造专业化社会服务机构，互相衔接，各有侧重地提供帮助，可以更加有针对性地促进早期创新创业项目落地生根。

（四）家庭支持大学生创新创业教育

1. 明确家庭创新创业教育的责任

教育是学校的责任，更是家庭的责任，教育子女是每个家庭应尽的义务和责任。大学生处在创新创业期，父母更应该重视家庭教育，充分认识家庭教育功能，回归家庭教育责任。虽然现在社会上存在很多创新创业教育培训机构，但是，培训机构的存在只是弥补了父母教育能力的缺失，只是家庭部分教育职能的转移，并不代表家庭可以脱离创新创业教育，培训机构并不能完全取代父母的教育。

家庭教育具有学校和社会无法替代的地位，学校以"传道授业解惑"的知识体系进行教学，每个学生接受知识具有同一性，学习知识共性有余而自我意识不强，缺乏对创新的培养。因此，家庭应该主动承担起品质教育的责任，在学生学习之余，着重培养大学生的品质，并且充分利用特殊角色，以身作则，言传身教，树立好榜样，在日常生活中教导，于潜移默化中传输品质教养。

2. 提升家庭创新创业教育的能力

家庭创新创业的教育者是父母，他们自身的素质如何，直接关系到家庭创新创业教育的进程。

作为家庭创新创业教育的实施者，不应该与时代脱节，而是应该打开家门，通过各种途径来获取创新创业知识。首先，家庭应该通过各种手段提高自身的创业素质和创业教育能力，通过各种媒体，如微博、微信公众号、广播、电视、电台等不断给自己充电、续航；其次，与学校互动，家长定期到校参观大学生创新创业科技园，了解相关进程，观看大学生的研究成果，这样，不仅让家长知道自己子女在学校的动态，而且自己也通过学校这个平台跟上了时代步伐，拓宽了自己的创新创业知识面。

建立学习型家庭是提高家庭创新创业教育的另一个行之有效的方法。在这个知识膨胀的学习型社会，知识的更新速度越来越快，人们已经进入知识快速发展的时代，要想跟上时代的步伐，社会上的每个人必须加强学习，秉承"终身学习"的信念，不断扩大知识储备量，更新知识，紧随科技步伐。特别是创新创业教育这样的新问题很多家庭成员对此不甚了解，解决此类问题的最佳方法是拥有解决新问题的能力，而不是单纯地因为出现了问题而去解决问题。因此，建构学习型家庭，营造良好氛围，动员家庭成员主动学习，全员学习，生活化学习，父母和子女一起探讨学习心得、一起进步，不仅能够营造和谐家庭氛围，促进父母与子女之间关系。而且，与时俱进，让所有家庭成员在互相学习过程中获得创新创业知识。

综上所述，在经济新常态背景下对当代大学生进行创新创业教育，首先要把握高校这一创新创业教育阵地，使学生得以储备充足的"创业知识粮食"；其次，要从国家层面出发，强化支撑、狠抓落实、破除障碍，保证创新创业政策通行顺畅；再次，改良社会思想文化土壤，加大企业创新创业扶持力度，给大学生提供"创业实战"的场地；最后，家庭填补学校创新创业教育的空白，为大学生创新创业教育提供"营养素"。由此呈现国家、学校、社会、家庭"四位一体"的壮观景象，做好"创新创业教育战线"的准备，形成大学生创新创业教育生态系统的新格局。

第七章
基于OBE理念的高校大学生创新创业教育

第一节　高校大学生创新创业教育引入OBE理念的意义

OBE 教育理念，又称为成果导向教育、能力导向教育、目标导向教育或需求导向教育，是一种基于成果导向的课程体系建设理念，其核心思想是教学目标的设定与教学过程的实施以学生通过教育过程最终所获取的学习成果、所掌握的能力为出发点。此种教育理念认为教育结构的优化、教育评价体系的构建、人才培养目标的实现需要通过对教育活动过程及结果进行细致分析。经过不断地探索实践，OBE 理念在全世界获得了广泛的重视与应用，被普遍认为是具有卓越成效的培养理念。

OBE 教育理念以学生学习产出为基准，教师利用逆向思维来构建教学框架及评价机制来引导学生进行递进式学习，定义教学产出、评估教学产出以及使用教学产出，其关注的核心问题有五个：①目标，即根据学生取得什么样的学习成果确定教学目标；②需求，即明确让学生取得该学习成果的缘由；③过程，即采取怎样的教学手段能有效帮助学生在学习实践过程中取得最大成效；④评价，即如何有效了解学生取得学习成果；⑤改进，即学习成果取得如何得到有效保障。

"现阶段，OBE 教育理念背景下，大学生创新创业课程教学工作仍然存在误区，为推动创新创业课程教学模式的创新发展，还需要结合成果导向的相关教育理念，分析可持续的学生创新创业能力培养路径，进而才能为学校解决好创新创业课程教学问题提供保障。"❶ 基于 OBE 教育理念的教育模式本

---

❶ 刘静 .OBE 教育理念下大学生创新创业课程教学模式探索 [J]. 校园英语，2020，524（32）：25–26.

身就是对传统教育模式的创新。强调教学过程以学生为本，自主学习，进行彼此评价与自我评价。教师作为管理者、引导者及监督者，对学生学习成果的反馈进行点评。高校创新创业教育引入 OBE 理念，对提升创新创业成效具有重要意义，具体如下：

第一，有利于培养学生双创思维和实践能力。OBE 教学模式以多模块多项目任务作为引领，按照"社会需求—培养目标—就业创业能力要求—能力指标—逆向设计"课程体系路径，形成闭环的教学设计体系，从而激发大学生自主学习、思维创新。

第二，有利于推动高校创新创业教育改革创新。OBE 教育理念与大学生双创课程人才培养目标高度契合。两者均以学生为主体，以产出为导向，从学生个体发展需求出发，促进学生全面发展。引入 OBE 理念有利于改革传统的创新创业教育模式，提升高素质应用型人才培养质量，对大学生双创课程体系建设有积极推进作用。

第三，有利于高校培养具有竞争力的高素质双创人才。将 OBE 教育理念应用于大学生的双创教育，是双创教育的客观需要。通过引入 OBE 教育理念，可优化大学生双创教育体系，激发有双创动力和意愿的在校大学生的双创潜能，提升其双创思维能力，帮助其开展双创实践。对于双创意愿不高的学生，通过 OBE 模式的学习，可提升学生职业素养与职业核心竞争力。

第二节　基于OBE理念的高校大学生创新创业教育实践体系

一、基于 OBE 理念的大学生创新创业教育课程设计

（一）设计多样的课程

在大学生创新创业素质教育过程中，针对大学生创新创业素质要求的预期目标，依据需要掌握的基础知识，设计多样的有效教学课程。这些课程应将庞杂的创新创业知识构建成简洁的知识模块，每个模块又基于目标导向，这样既有利于形成知识体系又方便学生的学习。课程形式应该多样化，不局限于课堂讲授组织形式，模拟竞赛、案例分析、课下实践等都是非常好的学习方式。

（二）开放式实践作业

在创新创业理论知识的学习之后，需要为学生布置理论结合实际的实践作业。学生需要在实践中将理论知识消化吸收，增强学生的学习效果。这些作业应该是开放式的，让学生自己去独立思考，设计方案，然后通过小组讨论、专家答辩的形式建立一套基础的理论实践过程。有条件的高校还可以组织学生去参加创新创业社会实践，例如，去参观创新型企业、去市场调研产品创新过程、聘请专业导师指导等，集众家之长，集思广益，以此增强学生创新创业的基本素质，提升学生的创新创业能力和意识。

（三）论坛讲座

创新创业是一项创造性的工作，需要大量实践经验作支撑，在高校内需要借助社会力量来实现这一点。例如，可以请知名企业和社会导师做创新创

业相关的讲座、报告等，以此来拓宽学生的视野，拓展学生的创新创业知识面。学生可以从这些富有创新创业实践经验的导师那里汲取经验、提升能力，从而使学生的创新创业素质得到综合提升。

二、基于 OBE 理念的大学生创新创业学习平台构建

（一）理论知识学习平台构建

教师在传授创新创业理论知识时，除了完成基本课堂教学任务外，还应为学生建立起自主学习平台，以满足学生自主学习的需求。教师可以通过自建课程知识学习平台，或者借助网络平台来实现，如借助慕课平台对学生课下学习进行考评。理论知识学习平台的建设应立足于创新创业知识体系的构建和信息检索功能的实现，为学生随时随地学习和检索创新创业知识提供帮助。

（二）校内实践平台构建

在高校内部建设直接面向大学生的创新创业实践平台，可以方便地衔接学生的创新理论学习和创新实践学习，通过创新创业实践平台的建设，可以满足大学生对创新创业活动硬件的基本需求。平台可以包括工程训练、科技创新竞赛、科技企业孵化与创业等。指导教师可以依托平台，从大一开始就带领学生参与相关的创新创业实践训练，通过大学生创新创业项目以及校级科研项目的申报，专利和软著的申请，企业项目的研发，参加各种学科竞赛等方式，依托平台来培养创新型人才。

另外，高校还可以发展创新创业相关的学生协会，如创客协会、电子协会、人工智能协会等。这些协会将给学生提供更多的实践机会，聚集不同专业的人才，拓宽知识应用面，促进交叉学科的创新，增强学生的实践动手能力和团队协作能力。

（三）校外实践平台构建

高校可与社会教育力量以及企业进行合作，共同建立基于产学研的创新创业教育平台。平台的建设能让学生接触到成功的创新创业商业项目，使

学生在学习的过程中，不局限于书本知识和校内的虚拟项目，这将为学生以后的创新创业活动打下坚实的基础。在平台的建设中，应着力于高校的参与和政府的支持，使高校和企业以及政府能在资金、项目、技术等领域形成良性的合作关系，进而带动高校创新创业教育质量的提升，使学生能获得更多创新创业的实践以及孵化机会，为社会培养更多更优秀的"双创"人才。

三、基于 OBE 的大学生创新创业训练项目实施

通过创新创业素质教育基础课程的学习和学校创新创业学习平台的建设，学生已具备了创新创业从理论到实践的基础。通过实践能更进一步巩固和提升学生的创新创业素质，这一阶段学校需要提供尽可能多的创新创业实践训练项目，并在创新创业平台的支撑下，使得训练项目更好地将理论与实践相衔接，更好地提升学生的创新创业素质和能力。具体的训练项目可以是大学生创新创业训练项目、学科竞赛、课程设计等。在这些项目实施时，对每个阶段都应设立预期目标，通过目标导向引导学生学习。

（一）创新创业项目训练

为加强学生创新创业的实践能力，学校应提供更多的大学生创新创业训练项目。一方面，学校内可以实施面向广大学生的模拟创新创业项目，让学生掌握创新创业过程中基本的流程和注意事项，这是对学生创新创业基本素质的训练；另一方面，学校可以结合自身办学特色和学科内容，设立多个校级大学生科研项目，以学科内容的应用研究为实践抓手，尝试进行成果转化，以创新创业实践提升学生的创新创业素质，既加强了学生的学科基础知识的学习，又提升了学生的创新创业能力，同时这种方法又降低了学生创新创业的试错成本。学校每年还应积极组织学生参加国家大学生创新创业训练项目，争取更多的创新创业素质教育的机会和资源。

（二）学科竞赛

高校每年有大量的学科竞赛，这些学科竞赛不仅能拓宽学生的视野，提升学生的专业知识水平，也能提升学生的创新能力，是锻炼综合运用能力的平台。在这些学科竞赛中可以增强学生的创新意识以及创业能力。这些学科竞赛应始终以知识综合运用为基础，理论和应用创新为引导方向。

（三）课程设计驱动

通过阶段的创新创业素质教育学习后，利用课程设计对学生创新创业素质进行强化，并与其他学科相结合，提升知识运用能力，增强创新意识。可采用独立或分组模式进行课程设计任务布置，不需局限形式，重在个人能力发挥和团队合作意识的培养，以提升个人和团队的创新创业素质。

（四）参与商业项目

在创新创业素质教育中引入 OBE 模式，优化创新创业教育环境，通过对大学生进行创新创业素质教育和训练不仅可以提升学生的技能，以创业缓解就业压力，同时，还可以对社会经济的发展做出贡献。对大学生创新创业能力的训练，基于商业实际项目开展训练是最有效的方式。可以通过学校和政府、企业合作实现企业项目落地高校，让学生有机会参与真实的商业项目，经历创新创业的过程，提升大学生的创新创业技能和能力。

第三节　基于OBE理念的高校大学生创新创业教育路径探索

高校大学生能力与知识两者都是必要的，知识为能力的发展提供了前提，能力的增强过程也是对知识的深入理解过程，能力的获得使人才成为应用型人才。创新创业教育指导要关注学生能力发展这个结果，要注重围绕能力导向的教学目标＋实践目标＋素质目标三位一体的指导体系建设，使学生具备终身受益的创新精神和创业品质。

一、关注社会对人才的需求

当今社会处于快速变化的时代浪潮之中，"互联网＋"时代的到来，人工智能技术的飞速发展，促使着生产方式不断变革，同时也促使着人类思维不断变革。培养学生的综合素质成为未来教育的首要任务。

创新创业教育是课堂的延展，创新创业指导可以为学生指明未来的发展道路，让学生更早的职业化，成为社会需要的人才。因此，创新创业指导要紧跟时代脉搏，把握社会的变革，摒弃一切陈旧的理念和观点，引领学生使用最新的方法和手段进行创新和创造。

二、定位于教学目标的创新创业指导

在教学过程中应体现创新创业教育并实施全程指导：一方面，通过开设创新创业课程将创新创业的思想、理念融入日常教学之中，其他课程内容要以创新创业为导向鼓励学生发散思维，在积累知识的基础上形成专业能力，教师要积极研究课程体系的改革，关注学科发展新动向，用最新的方法和手段达到对学生创新意识和精神的引领；另一方面，探究各类专业课程之间的学科交叉、学科互补、有机衔接，有意识地建设创新创业教育专门课程群，打造寓于专业教育的创新创业教育体系。

三、明确创新创业教育的实践目标导向

建设学生校外实践教育基地、创业示范基地、创业实习基地，充分利用学校、政府、社会各项资源建设创新创业教育实践平台，规避创新创业教育的理论化、形式化。要将学生的创业实践活动拓展到社会中去，大胆让学生进入市场、接受市场挑战、参与市场竞争，给学生实实在在的体验。可以让

学生去企业见习、实习，参与企业实实在在的项目运营，了解营销的真谛，学习刚性的成本计算，获得内在的感知和永久性的学习经验。只有实现高校各部门横向联合，高校与政府、社会、企业纵向联合，建立全方位立体化的实践教育基地，才可以达到对学生实践导向的目的。

四、加强创新创业教育的素质目标导向

学生的创业意识、创业品格和创业能力的激发、塑造和培育是一个系统工程，需要有可持续针对性的长期教育。与素质教育一样，是以尊重人的主体性和主动精神，以人的性格为基础，注重开发人的创新与创业智慧潜能，注重形成人的健全个性为根本特征的教育。在创新创业教育渠道和方式中要融入大学生决策能力、组织能力、管理协调能力、领导能力等创业素质教育和培养，让学生通过创新创业教育获得步入社会之前的能力提升，调动学生能力潜质，使学生进入社会后能够进一步学习新知识、汲取新能量，发展成为社会的栋梁。

五、提高指导导师的综合素质

（一）创新创业教育指导导师的角色担当

高校创新创业的培养目标是着重培养学生的实践创新能力，导师在大学生创新创业活动中担任着重要角色，具有举足轻重的作用，承担了对学生分析问题和解决实际问题能力的培养。导师对于学生的引领是创新创业成功的全部，这便要求导师结构要具有复合性，实行校内校外联合，导师最好是双师型或者来自企业或者社会团体，通过大赛、项目等实践锻炼，实现与社会的无缝对接。因此，角色担当精神是指导教师的必备素质，导师要始终对自己以"学高为师，身正为范"的标准严格要求，要秉承忠于职守、爱岗敬业、勇于担当、乐于奉献的操守。

要认识到青年学生培养的重要性，用一颗赤诚之心，长期尽心尽力关心关爱学生，教育学生，成为青年学生筑梦、追梦、圆梦的目标引路人。

（二）创新创业教育指导导师的素质能力

要将立德树人融入高校大学生的创新创业培养中去。导师应加强理论知识学习，丰富自身知识储备，要不断提高自身的政治品德、政治素养以及觉悟，紧跟时代的步伐，修身养性，树立正确的世界观、人生观和价值观，学习和掌握广博的专业理论知识，以深厚的知识体系成为学生的榜样。要了解和掌握社会对毕业生的需求，及时调整与社会需求相符合的指导计划，躬亲示范，言传身教，积极思考，大胆创新。同时，对学生创新创业应达到的能力及其水平有清楚的构想，培养什么人，向什么方向培养要十分清晰，寻求设计适宜的指导结构来保证学生达到预期目标。要持续性地开展指导，注重对项目后期的指导和援助，让创新创业落到实处，将教育指导导向创新创业的成果。

参考文献

[1] 张巧.大学生创新创业教育的实施策略 [J].江苏高教，2016（3）：120–123.

[2] 田红星.大学生创新创业教育模式研究 [J].中国商论，2019（12）：251–252.

[3] 宫法明.就业视域下的大学生创新创业教育 [J].教育与职业，2016（22）：61–62.

[4] 梁艳霞.项目管理视角下大学生创新创业教育路径 [J].中国成人教育，2022（8）：41–44.

[5] 石萍萍.大学生创新创业教育的问题及对策 [J].教育与职业，2016（24）：59–61.

[6] 孙爱花.以专业社团为载体推进大学生创新创业教育研究 [J].继续教育研究，2021（5）：105–108.

[7] 李其峰.大学生创新创业教育实施路径分析 [J].中国商论，2017（28）：182–183.

[8] 张毅.哲学视角下大学生创新创业教育对策 [J].继续教育研究，2017（5）：24–26.

[9] 段焱.高校思政教育促进大学生创新创业教育的路径探析 [J].理论导刊，2019（12）：116–121.

[10] 翁灏.思想政治教育融入大学生创新创业教育的路径 [J].思想政治教育研究，2020，36（1）：152–155.

[11] 赵会利.高校大学生创新创业教育体系研究 [J].中国成人教育，2016（13）：29–32.

[12] 付春权.高校大学生创新创业教育存在的问题及对策 [J].继续教育研究，2020（6）：78–81.

[13] 朱鑫铨.大学生创新创业教育的模式分析和路径选择 [J].继续教育研究，2015（9）：18–19.

[14] 张淼.大学生创新创业教育校际合作共享机制研究 [J].中国成人教育，2020（10）：40–42.

[15] 袁莺楹.新常态下大学生创新创业教育的几点思考 [J].中国成人教育，2016（11）：25–28.

[16] 李占平，王宪明，赵永新.高校大学生创新创业教育新模式——云创业平台模式研究 [J].国家教育行政学院学报，2012（11）：12–15.

[17] 宋晓宇，王成科.高校大学生创新创业教育的思考与实践 [J].继续教育研究，2017（10）：31–33.

[18] 伊剑.大数据视域下大学生创新创业教育质量的提升 [J].现代教育技术，2019，29（5）：106–111.

[19] 曾雅丽.科学发展观视阈下的大学生创新创业教育研究 [J].高等农业教育，2013（4）：61–63.

[20] 姚帆.基于供给侧改革的大学生创新创业教育新突破 [J].中国成人教育，2019（23）：43–45.

[21] 陈燕，崔顾芳.新时代高职院校大学生创新创业教育实践探索 [J].教育与职业，2019（22）：52–57.

[22] 郭芳，张立仁，郭郁."四位一体"构建大学生创新创业教育协同育人机制 [J].教育与职业，2019（17）：61–65.

[23] 陈爱雪."互联网 +"背景下大学生创新创业教育的新模式探究 [J].黑龙江高教研究，2017（4）：142–144.

[24] 郁涛 . 基于要素体系重构大学生创新创业教育模式 [J]. 教育与职业，2018（13）：80–83.

[25] 王洪才 . 创新创业教育：中国特色的高等教育发展理念 [J]. 南京师大学报（社会科学版），2021（6）：38–46.

[26] 段炼，胡国安 . 新时代高职院校创新创业教育策略研究 [J]. 湖南邮电职业技术学院学报，2022，21（2）：61–64.

[27] 丁亿 . 增强大学生创新创业教育实效性研究 [D]. 哈尔滨：东北林业大学，2020.

[28] 任立肖，石玉茹，常呈蕊 . 基于过程方法与内部因素的高校创新创业教育评价 [J]. 中国轻工教育，2021，24（5）：37–44，61.

[29] 严明明 . 地方高校大学生创新创业教育评价指标体系研究 [J]. 长春教育学院学报，2018，34（9）：28–31.

[30] 王俊强 . 大学生创新创业教育质量评价体系研究 [J]. 林区教学，2022（1）：26–29.

[31] 李娟 . 校企合作模式下高职学生创新创业教育探索 [J]. 教师，2021，475（28）：127–128.

[32] 朱艳军 . 校企合作下大学生创新创业教育与开展工作的思考 [J]. 就业与保障，2021，273（7）：61–62.

[33] 柴广成，李琳 . 经济新常态下高校创新创业教育改革 [J]. 现代企业，2021，427（4）：147–148.

[34] 曾珊 . 经济新常态背景下大学生创新创业教育研究 [D]. 赣州：江西理工大学，2017.

[35] 刘静 .OBE 教育理念下大学生创新创业课程教学模式探索 [J]. 校园英语，2020，524（32）：25–26.